Andrea Livnat

111 Orte in Tel Aviv, die man gesehen haben muss

Mit Fotografien von Angelika Baumgartner

emons:

Für unsere Kinder Orian, Louisa, Lavie, Leo und Nevo

Bibliografische Information der Deutschen Nationalbibliothek
Die Deutsche Nationalbibliothek verzeichnet diese Publikation
in der Deutschen Nationalbibliografie; detaillierte bibliografische
Daten sind im Internet über http://dnb.d-nb.de abrufbar.

PEFC zertifiziert

Dieses Produkt stammt
aus nachhaltig
bewirtschafteten Wäldern
und kontrollierten Quellen

PEFC/04-31-1370   www.pefc.de

© Emons Verlag GmbH
Alle Rechte vorbehalten
© der Fotografien Angelika Baumgartner, außer
Ort 3: Dafna Gazit; Ort 13, 28, 33, 36, 42, 57, 72, 86, 88,
101, 105, 110: Andrea Livnat; Ort 22 oben: Ariel Ken;
Ort 22 unten: Inbal Hershtig
© Covermotiv: iStockphoto.com / julichka
Layout: Eva Kraskes, nach einem Konzept
von Lübbeke | Naumann | Thoben
Kartografie: altancicek.design, www.altancicek.de
Kartenbasisinformationen aus Openstreetmap,
© OpenStreetMap-Mitwirkende, ODbL
Druck und Bindung: Grafisches Centrum Cuno, Calbe
Printed in Germany 2018
Erstausgabe 2015
ISBN 978-3-95451-703-9
Aktualisierte Neuauflage August 2018

Unser Newsletter informiert Sie
regelmäßig über Neues von emons:
Kostenlos bestellen unter
www.emons-verlag.de

Vorwort

Tel Aviv wurde aus einem Traum geboren. Am 11. April 1909 kamen die 66 Gründerfamilien in den Sanddünen nördlich von Jaffa zusammen und losten die Parzellen aus, auf denen sie ihre Häuser bauen sollten. Von einer jüdischen Stadt träumten sie, außerhalb der beengten Verhältnisse in Jaffa. Achusat Bait, »Heimstätte«, nannten sie dieses erste neue Wohnviertel. Ein Jahr später wurde der Name in Tel Aviv geändert – nach dem Titel der hebräischen Übersetzung von Theodor Herzls utopischem Roman »Altneuland«. Herzl, Gründer des politischen Zionismus, hielt darin das eindringliche Schlagwort fest: »Wenn ihr wollt, ist es kein Märchen.«

Den Traum einer modernen Gartenstadt entwarf der schottische Stadtplaner Sir Patrick Geddes, der 1925 einen umfassenden Plan für Tel Aviv vorlegte, der die wesentlichen Grundzüge der großen Hauptstraßen, Wohnviertel und Grünanlagen enthielt. Seitdem ist Tel Aviv in alle Richtungen gewachsen, und so manches wurde dabei auch zum Alptraum. Heute lebt die Stadt von ihrem Image als Ort, der niemals schläft. Hightech, Nachtleben und Bauhaus dominieren das Bild. Auch wenn alle diese Klischees der Wahrheit entsprechen, gibt es aber doch so viel mehr zu entdecken!

Gerne als Big Orange bezeichnet, ist die Weiße Stadt am Meer in vielem der Inbegriff von Innovation und Pluralität, aber sie ist auch oft erstaunlich provinziell, aufgeräumt und familienfreundlich. Tel Aviv hat wenig klassische Sehenswürdigkeiten, wer die Stadt (noch besser) kennenlernen will, der muss durch ihre Straßen ziehen und sich treiben lassen. Diese 111 Orte helfen dabei. Auf der Suche nach ihnen habe ich mich in Tel Aviv noch einmal ganz neu verliebt. Jede Ecke hält eine Überraschung bereit, die das Herz der Historikerin höher schlagen lässt, das Auge der Kunstliebhaberin erfreut und dem Gaumen der Feinschmeckerin schmeichelt.

111 Orte

1 Der Abu-Nabut-Brunnen

Relikt aus der Blütezeit Jaffas

An der Ben Zvi Straße befindet sich ein kleiner islamischer Kuppelbau. Der Sabil Abu Nabut ist ein öffentlicher Brunnen, den der Gouverneur von Jaffa Anfang des 19. Jahrhunderts hier bauen ließ. Abu Nabut, der eigentlich Mahmud Aga hieß und nach dem Ende der Napoleonischen Invasion in sein Amt eingesetzt wurde, war als strenger Herrscher bekannt. Seinen Namen trug ihm der Stock (Nabut) ein, den er stets als Waffe mit sich trug und unvermittelt einzusetzen pflegte. Doch gleichzeitig war er für viele wichtige Modernisierungen in Jaffa verantwortlich. Er restaurierte die Stadtmauern, legte neue Märkte an, baute Moscheen und zwei öffentliche Brunnen. Der Sabil Abu Nabut lag außerhalb der Stadt an der Strecke nach Ramle und Lod, die weiter nach Jerusalem führte, und ist in vielen Berichten von Reisenden des 19. Jahrhunderts als kleine Oase am Wegesrand erwähnt.

Die Stadt Tel Aviv bemüht sich leider wenig um die Erhaltung und Restaurierung dieses einzigartigen Bauwerks. Das zeigt schon die lieblose Tafel, die an der Fassade angebracht ist und die Entstehung fälschlicherweise auf 1820/21 datiert. Tatsächlich gibt die arabische Inschrift Auskunft, dass es 1230 nach der muslimischen Zeitrechnung, also 1815, erbaut wurde.

Der rechteckige Bau mit drei Kuppeln und kleinen Türmchen an den Ecken beherbergte Gräber, der Brunnen selbst befand sich an der Westfassade. Heute sind die Fenster zu den Grabräumen vermauert, und der mittlere Raum dient als Rumpelkammer für Geräte. Archäologische Berichte aus dem 19. Jahrhundert erwähnen, dass sich auch Abu Nabuts Grab in unmittelbarer Nähe befand. Es ist seit den 1950er Jahren nicht mehr erhalten. Stattdessen hat die Stadt auf der Freifläche daneben einen kleinen Park mit farbenfrohen Skulpturen des israelischen Bildhauers Jigal Tumarkin angelegt, die neben dem traditionellen Gebäude seltsam unnatürlich wirken.

Adresse Abu-Nabut-Garten, Derech Ben Zvi, zwischen Shlabim und Herzl Street, Tel Aviv-Herzl Hügel (Givat Herzl)/Tel Kabir | **ÖPNV** Bus 11, Haltestelle Derech Ben Zvi/Herzl, Gegenrichtung: Machon haRischui/Derech Ben Zvi, Bus 3, 72, Haltestelle haGan hazoologi/Herzl, Gegenrichtung: Derech Ben Zvi/Herzl | **Öffnungszeiten** frei zugänglich | **Tipp** Geht man die Shlabim Street ein wenig nach Norden, kommt man am Groningen-Garten vorbei, in dem sich eine städtische Musikschule befindet. Davor liegt der seltsamste Spielplatz der Stadt mit elektronischen Spielgeräten, die grässlichen Lärm machen, aber Kinder trotzdem begeistern.

2 Die Afeka-Höhlen

Tel Avivs grüner Hinterhof

Ganz im Norden der Stadt, in Ramat Aviv Gimmel, liegt die unscheinbare Drezner Straße. Zwischen den schönen Einfamilienvillen auf Höhe der Einmündung der Gruner Straße gelangt man durch eine wenig einladende Baulücke noch etwa 200 Meter weiter nördlich. Nur wer sich hierher durchgekämpft hat – der Ort dient wohl als Hundeklo der Umgebung –, wird mit einem unerwarteten Ausblick belohnt. Die Stadt hört hier nämlich schlagartig auf: Hinter den Villen der Drezner Straße ist Schluss, wie am Reißbrett gezogen ist die Bebauung zu Ende, und die Natur übernimmt.

Der Dauerlärm der Schnellstraße nach Haifa lässt einen zwar nicht vergessen, wo man ist, aber das sehr schöne weitläufige Gelände wird nicht umsonst von den Anwohnern zum Radfahren, Spazierengehen, für Kindergeburtstage und Picknicks genutzt. Der für die Küstenregion typische Sandstein ist fruchtbarer Boden für Pflanzen und Tiere, die man hier noch ungestört beobachten kann. Um einen Hasen oder den vom Aussterben bedrohten Sandigel zu sehen, muss man zwar schon ausgesprochenes Glück und Sitzfleisch haben, aber während der Blütezeiten der geschützten Weißen Meerzwiebeln im August und September oder der Narzissen und Kronenanemonen im Winter liegen dem Besucher buchstäblich kleine Schätze zu Füßen.

Im Osten des Geländes, nahe an der Schnellstraße, befinden sich die Grabhöhlen der Samaritaner aus dem 4. und 5. Jahrhundert, die den Ort auch archäologisch interessant machen. Sie wurden Anfang der 1950er Jahre bei Straßenbauarbeiten entdeckt und später freigelegt. Die insgesamt acht Gräber sind unterschiedlich gut erhalten und dienten der samaritanischen Gemeinschaft bis zu den Aufständen gegen das Byzantinische Reich als Begräbnisstätte. Die Grabbeigaben – Schmuck, Glasgegenstände, Münzen und ein Amulett mit samaritanischer Inschrift – sind im Antikenmuseum in Jaffa ausgestellt.

Adresse Zugang von der Kreuzung Dov Gruner und Yekhi'el Dov Drezner Street, Tel Aviv-Ramat Aviv Gimel | **ÖPNV** Bus 6, 13, 24, Haltestelle Merkas Schuster / Aba Achimeir | **Tipp** Am westlichen Ende der Drezner Street liegt das Rosin-Kulturzentrum, wo neben den wöchentlichen Freizeitangeboten für alle Altersgruppen auch viele Konzerte stattfinden (www.facebook.com/rozin.center).

3__Das Alfred-Institut

Eine Kooperative für Kunst und Kultur

2005 schlossen sich 13 Künstler zusammen und wurden zum Ideengeber für etwas ganz Neues in der israelischen Kunstwelt. Sie eröffneten eine kooperative Galerie, in der sie sowohl selbst ausstellten als auch jungen Künstlern die Möglichkeit gaben, hier erstmals ihre Werke zu zeigen. Bald musste die Alfred-Galerie in einen größeren Raum ziehen, und nach drei weiteren Umzügen wurde im Februar 2014 das Haus in der Simtat Shlush 5 bezogen. Das Konzept der kooperativen Galerie wurde in der Zwischenzeit mehrfach kopiert. Aber die »Alfreds« haben sich damit nicht zufriedengegeben.

Das »Kooperative Institut für Kunst und Kultur«, wie das Alfred jetzt heißt, will eine Vision verwirklichen. Die Begründer sehen sich als gesellschaftlich-soziale Einrichtung, die eine echte Begegnung von Kunst und interessiertem Publikum ermöglicht. Das dreistöckige Haus hat daher neben den Ausstellungsräumen im Erdgeschoss noch reichlich Platz für Workshops, Vorlesungen und Seminare. Jede Woche gibt es Veranstaltungen, von Einführungskursen ins Zeichnen über Literaturabende bis zu Ferienprogrammen für Kinder. In den oberen Stockwerken befinden sich außerdem Studios von überwiegend jungen Künstlern, die noch am Anfang ihres Weges stehen. Besucher können hinaufgehen und sich umschauen, und die Künstler haben so die Möglichkeit, ihre Arbeiten einem breiteren Publikum bereits in der Schaffensphase zu präsentieren. Der Hof des Instituts hat Platz für Veranstaltungen, lädt aber auch einfach zum Sitzen und Plaudern ein. Zeitweise werden hier auch Außenskulpturen gezeigt.

Das Institut ist ein herrlich angenehmer Ort, um Kunst zu erleben – fern vom Snobismus manch etablierter Galerie. Das Haus am Rande Neve Zedeks war passenderweise in den 1950er Jahren Heimat der kommunistischen Zeitung Kol haAm, der »Stimme des Volkes«.

Adresse Simtat Shlush 5, Tel Aviv-Neve Zedek | **ÖPNV** Bus 40, 41, Haltestelle Machon Avni / Eilat | **Öffnungszeiten** Di – Do 17 – 21 Uhr, Fr 10 – 14 Uhr, Sa 11 – 15 Uhr | **Tipp** Rund um das Institut kann man viel Straßenkunst entdecken, wie zum Beispiel gleich gegenüber eine große Arbeit von Klone, der zu den Begründern der Street-Art in Israel gehört und längst den Sprung in die großen Museen geschafft hat.

4 Der alte Friedhof

Der jüdischen Geschichte Jaffas auf der Spur

Ein Besuch am alten jüdischen Friedhof in Jaffa lohnt schon wegen dem Ausblick. An sonnigen Tagen bietet sich ein herrliches Farbenspiel zwischen den hellen Grabsteinen, dem so deutlich klaren blauen Horizont, wie er nur im Nahen Osten ist und dem noch tiefblaueren Meer darunter. Aber der Friedhof verrät vor allem einiges über die jüdische Ansiedlung in Jaffa im 19. Jahrhundert. Das Areal auf einer Anhöhe im Viertel Ajami wurde 1834 von der jüdischen Gemeinschaft Jaffas erworben. Zu dieser Zeit lebten nur etwa 150 sephardische Juden in der Stadt. Bis dahin hatten sie ihre Toten zum Begräbnis auf den Ölberg nach Jerusalem gebracht, eine beschwerliche und auch kostspielige Angelegenheit.

Die Gemeinde begann in den 1830er Jahren zu wachsen, vergrößerte sich weiter durch den Zuzug von aschkenasischen Juden und blühte unter Rabbiner Jehuda haLevi Margosa, der ab 1840 als Oberrabbiner für Jaffa diente, auf. Mit Nutzung des Friedhofs wurde auch für Jaffa eine Chewra Kadischa, eine Beerdigungsgesellschaft, gegründet, die im Judentum die Aufgaben der rituellen Bestattung übernimmt. Mit kurzer Unterbrechung während einer Cholera Epidemie, wurde bis in die 1920er Jahre an diesem Friedhof bestattet, danach wurde der neue Trumpeldor Friedhof (s. Seite 204) genutzt.

Etwa 2.000 Gräber existieren am im Volksmund auch als »Ajami-Friedhof« bezeichneten Bestattungsort, allerdings gibt es nur noch 805 Grabsteine, die übrigen Gräber sind anonym oder auch leer. Die ottomanische Regierung ordnete zu Beginn des Ersten Weltkriegs die Räumung des Friedhofs an, sodass viele Gräber umgesiedelt wurden. Neben Rabbi Jehuda haLevi Margosa liegen viele Gründer der jüdischen Gemeinde in Jaffa aus der ersten großen Einwanderungswelle hier begraben. Auch der aus Schlesien stammenden Dr. Schimon Frankel fand hier seine letzte Ruhe. Er eröffnete in den 1840er Jahren die erste jüdische Arztpraxis im Land.

Adresse Eingang nahe dem Sheich Bassam Abu Zayd Platz, an der Kreuzung von Yehuda Margoza und Yehuda haYammit Street | **ÖPNV** Bus 10, Haltestelle Yefet / Louis Pasteur, Bus 37, Haltestelle Yehuda Margoza / Yefet | **Öffnungszeiten** Mo, Do 8 – 12 Uhr | **Tipp** Folgt man der Straße zum Meer und wendet sich weiter nach Süden kommt man zu dem großzügig angelegten Midron Park, der sich an den großen kostenlosen Parkplatz des Hafens anschließt, ein schön gestalteter Freizeitpark mit großen Rasenflächen und Spiel- und Fitnessanlagen.

5 _ Die alte Mauer

Steinernes Zeugnis der Templer

Die Olifant Straße, nur unweit des Rothschild-Boulevards, ist eine der grünsten Straßen der Stadt. Dichter alter Baumbestand sorgt auch im Sommer für angenehmen Schatten und lässt den Eindruck entstehen, man sei beim Abbiegen in ein anderes Land gekommen. Tatsächlich hat die Straße eine Geschichte, die noch vor der Gründung Tel Avivs beginnt und deren steinerne Überreste man hier sehen kann. Immer wieder zeigt sich zwischen den Häusern eine alte Mauer, etwa bei der Nummer 14, aber auch im weiteren Straßenverlauf. Eine unscheinbare, einfache Mauer, die teilweise schon arg bröckelig ist.

Sie begrenzte einst eine große landwirtschaftliche Ansiedlung, die hier in der zweiten Hälfte des 19. Jahrhunderts, also lange vor der Gründung Tel Avis, bestand. In dieser Zeit gab es mehrere Versuche von Christen, im Land zu siedeln, wie zum Beispiel auch in der American Colony (s. Seite 20). Einer von ihnen, Konrad Röhm, kaufte 1870 das Gelände zwischen den heutigen Straßen Lincoln, Derech Menachem Begin, Olifant und Wilson von italienischen Nonnen und baute dort Gemüse und Obst an. In zeitgenössischen Landkarten heißt der Ort »Röhm Hof«. Nur zwei Jahre nach dem Tod des Ehepaars Röhm wurde der Hof von dem Templer Johann Georg Günther übernommen, der dort auch eine Bäckerei betrieb. Das Gelände bestand als Plantage bis nach dem Zweiten Weltkrieg. Erst dann wurde es ins Stadtgebiet eingegliedert und von den Templern nach und nach verkauft. Aber noch bis in die 1950er Jahre blieb hier ein kleines landwirtschaftlich genutztes Feld.

Heute befinden sich auf dem Areal die Kunstschule und eine Synagoge. Am Ende der Straße ist eine kleine Grünanlage mit Spielplatz, in der man gut sitzen kann. Auch in der parallelen Mazeh Straße lassen sich Überreste der Mauer ansehen, so zum Beispiel zwischen den Nummern 61 und 63. Hier geht man jeweils in die Innenhöfe, um fündig zu werden.

Adresse ab Olifant Street 14 aufwärts auf der rechten Seite, Tel Aviv-Stadtmitte |
ÖPNV Bus 23, 70, Haltestelle Yehuda haLevy / Sheinkin, Bus 70, 142, Haltestelle Sderot
Rothschild / Balfour, von dort durch die Balfour und Yehuda haLevy Street | **Tipp** Das
Taizu in Derech Menachem Begin 23 ist ein ausgefallen gestyltes Konzeptrestaurant mit
gehobener Küche, die von Chef Yuval Ben Neriahs Reisen durch Südostasien und dem
Streetfood, dem er dort begegnete, inspiriert ist. Nicht ganz billig, aber wirklich gut
(Reservierungen unter www.taizu.co.il).

6__Die American Colony

Ein Besuch im 19. Jahrhundert

Wer von der lauten Eilat Straße in die kleine Auerbach Straße abbiegt, kann meinen, er sei in einem anderen Jahrhundert gelandet. Das beschauliche Viertelchen, das sich hinter der Straßenecke verbirgt, ist Tel Avivs American Colony. 1866 machte sich eine Gruppe von 157 Christen aus Maine, USA, auf den Weg ins Heilige Land und brachte Fertighäuser aus Holz mit. Die meisten Kolonisten hielten es nicht lange aus und kehrten bald nach Maine zurück. Die Häuser wurden verkauft, und deutsche Templer zogen ein. Aus der American Colony wurde die deutsche Kolonie. Im Zweiten Weltkrieg schob die britische Mandatsregierung die Deutschen ab. Die Kolonie stand leer, erfuhr verschiedene Wandlungen und wurde erst vor etwa zehn Jahren endlich wiederbelebt. Viele der originalen Häuser wurden leider abgerissen, doch einige sind liebevoll restauriert. Etwa in der Auerbach Straße 4, ein typisches Beispiel für die Bauweise mit hölzernem Vordach und Balkon. In der Auerbach Straße 10 eröffnete das Ehepaar Holmes das Maine Friendship House, nachdem sie das Holzgebäude aufwendig restauriert hatten. Das kleine Museum im Untergeschoss erzählt die Geschichte der amerikanischen Kolonisten.

Nebenan steht die Immanuelkirche, die 1904 eingeweiht wurde. Und gegenüber ist das imposante Beit Immanuel zu finden, das eine sehr wechselvolle Geschichte aufzuweisen hat: vom Hauptsitz der Templergesellschaft über ein Hotel, das Peter Ustinovs Großvater führte, bis zum heutigen Hostel, das von der Church's Ministry Among Jewish People betrieben wird, also einer Organisation, die wegen ihrer gezielten Mission von jüdischen Organisationen scharf kritisiert wird.

Wer durch das Viertel spaziert, findet noch weitere wunderschöne Häuser, die teilweise gerade restauriert werden. Dass die American Colony noch immer ein Geheimtipp ist, liegt sicher auch daran, dass es in den kleinen Straßen kein Kaffeehaus gibt.

Adresse Auerbach Street, Bar Hoffman Street, haRabi miBachrach Street, Tel Aviv-Jaffa Nord | **ÖPNV** Bus 40, 41, Haltestelle Machon Avni / Eilat | **Öffnungszeiten** Museum im Maine Friendship House Fr 12–15 Uhr, Sa 14–16 Uhr | **Tipp** Die Eilat Street ist die Straße, um Bilderrahmen zu kaufen, hier reiht sich ein Rahmengeschäft an das andere. Auch stilvolle Spiegel und kleine Geschenke lassen sich hier finden.

7 Artik Tivi

Nicht nur im Sommer eine Portion Frucht wert

Banane, Schoko, Zitrone – Sommerzeit ist Eiszeit. Der Sommer dauert in Israel lange, und damit gibt es fast ganzjährig einen guten Grund, sich etwas kühles Süßes zu gönnen. Wer den klassischen Chemiebomben entfliehen will, die man auch bei den bekannten, sich laut anpreisenden Eisverkäufern am Strand und im Park bekommt, findet bei Priz eine tolle Alternative: Artik Tivi (natürliches Eis). Viel Frucht, wenig Zucker und Wasser, sonst ist nichts drin, keine Konservierungs- oder Farbstoffe. Im Grunde könnte man sich so etwas auch zu Hause herstellen, aber es ist die genau richtige Mischung, die das Fruchteis am Stiel so lecker macht.

Priz, ein Wortspiel aus »Pri« (hebräisch für Frucht) und »Freeze«, wird von den Brüdern Sharon und Kfir Abu geleitet. Sharon war nach einer Jobpause durch Südamerika gefahren und suchte nach einer Geschäftsidee, die er schließlich in Form von Fruchteis fand. In Mexiko lernte er die Herstellung von reinem Fruchteis, das er dann in Hadera herstellte und zunächst mit nur wenig Erfolg verkaufte. Die großen Fruchtstücke nach Vorbild des mexikanischen Originals fanden in Israel keinen Anklang. Erst eine Version, in der die Früchte gleichmäßig sämig püriert sind, war erfolgreich. Mittlerweile verkauft Priz auch an Firmen, die Luftwaffe und den Präsidenten.

Neben der Heimatfiliale in Netanja hat Priz einen Laden in Tel Aviv eröffnet. Im ersten Sommer 2012 entstand ein richtiger Hype um den Laden, das ganze Viertel sprach von der neuen Eiskreation. Erdbeer-Banane ist der Favorit bei den Kindern, Kokos ganz klar der Renner bei Erwachsenen. Aber Guaven, Ananas, Litschi, Erdbeer-Kiwi, Zitrone-Minze, Passionsfrucht, Banane-Dattel und natürlich Sabres sollte man auch nicht verachten. Mit acht Schekel für das große und vier Schekel für das kleine Eis sind sie zwar etwas teurer als ihre chemischen Verwandten, aber die Investition lohnt.

Adresse Ibn Gvirol Street 158, Tel Aviv-Neuer Norden | **ÖPNV** Bus 25, 26, 189, Haltestelle Ibn Gvirol/Pinkas | **Öffnungszeiten** So–Mi 9.30–23 Uhr, Do 9.30–24 Uhr, Fr 9 Uhr–30 Minuten vor Shabbatbeginn, Sa Shabbatausgang–24 Uhr | **Tipp** Das Eis lässt sich wunderbar am Fruchter Square schräg gegenüber verspeisen. Wo früher der Kastel-Kartenvorverkauf war, ist heute ein kleines, sehr feines Straßencafé. Am Brunnen kann man sich auch an sehr heißen Tagen im Schatten abkühlen.

8___Das Azrieli Center
Tel Aviv aus der Vogelperspektive

Fast sind sie Wahrzeichen der Stadt, die Azrieli Türme: Ein rundes, ein dreieckiges und ein viereckiges Hochhaus bilden gemeinsam mit einem der größten Einkaufszentren des Landes das Azrieli Center. Neben den Formen sind es die Fassaden, bestehend aus Tausenden blau schimmernder Fenster mit weißer Umrandung, die das Center zu etwas Besonderem machen. Das runde Hochhaus ist mit 187 Metern und 49 Stockwerken das höchste des Ensembles. Drei Stockwerke niedriger folgt das Dreieck, und das Viereck ist mit »nur« 42 Etagen das kleinste Gebäude. Die ersten beiden wurden 1998 fertiggestellt, der Bau des Vierecks war zunächst eingefroren und erst nach einem Rechtsstreit mit der Stadt Tel Aviv wiederaufgenommen und 2007 vollendet worden.

Die Türme beheimaten vor allem Büros und Konferenzzentren, aber auch ein Hotel, und im 49. Stock des runden Turms befindet sich eine Aussichtsplattform. Im Einkaufscenter, durch dessen Glaskuppel man die drei Türme über sich sieht, befindet sich der Zugang. Das oberste Stockwerk bietet Durchgang zu den Liften der Aussichtsplattform. Ganz billig ist die Sache mit 22 NIS für Erwachsene und 17 NIS für Kinder nicht, und wer dafür einen hochmodernen Lift erwartet, der zügig seine Türen öffnet, wird enttäuscht. Das gehobene Restaurant oben darf man natürlich nur betreten, wenn man dort essen möchte. Ein großer Raum, der den überwiegenden Teil des Stockwerkes einnimmt, wird für Veranstaltungen genutzt, und manchmal muss man sich hier seinen Weg durch die Reste der letzten Events bahnen.

Am Ende ist das alles natürlich ganz egal, denn die phantastische Aussicht entschädigt für alles! An klaren Tagen kann man das ganze Umland sehen. Aus dem 49. Stock lässt sich Tel Aviv völlig neu erkunden, die Hauptverkehrsadern, die Grünflächen, die Hochhäuser, alles hat aus der Vogelperspektive andere Dimensionen und noch nicht wahrgenommene Strukturen.

Adresse Derech Menachem Begin / Eliezer Kaplan Street, Tel Aviv-Montefiori-Viertel, |
ÖPNV zahlreiche Buslinien, unter anderem 1, 40, 42, 51, 60, 63, Haltestelle Kenyon
Azrieli / Derech Begin | **Öffnungszeiten** 10 – 23 Uhr, aber unbedingt vorher anrufen,
manchmal wegen Veranstaltungen geschlossen, Tel. 03/6081990, Durchwahl 4 | **Tipp** Eine
futuristische Fußgängerbrücke verbindet das Center mit der haShalom-Zugstation, einem
der zentralen Bahnhöfe der Stadt. Vor allem im Dunkeln ist von dort ein schöner Blick auf
die beleuchteten Türme möglich.

9___Die Bank an der Marina

Der perfekte Platz am Meer

Tel Aviv und das Meer sind untrennbar miteinander verbunden. Auf knapp 15 Kilometern erstreckt sich die Stadt mit ihren Stränden und Häfen an der Küste. Anders als in vielen europäischen Mittelmeerstädten gibt es keine verträumten Buchten, kein klares blaues Wasser. Der Sand ist sehr viel feinkörniger, und das Wasser sieht nicht zuletzt auch dadurch schlammig hellbraun aus. Immer mal wieder kommt es vor, dass ein Strandabschnitt wegen eines geplatzten städtischen Abwasserrohres gesperrt wird. Was dann unterwegs ist, lässt einen die üblichen Plastikabfälle schmerzlich vermissen.

Wer ein wenig mehr romantisches Mittelmeer-Feeling sucht, sollte an die Marina gehen. Vor allem am Wochenende ist hier ordentlich viel los. Frühmorgens fahren dann die Boote raus aufs Meer und kehren oft erst spätnachmittags zurück. Die Marina hat sechs Piers, die von einer großen, als Wellenbrecher fungierenden Mole umgeben sind. Insgesamt ist Platz für 320 Boote von bis zu 20 Metern Länge. An der Marina gibt es außerdem ein Café und ein Restaurant, Geschäfte für Segelbedarf und im Übrigen die saubersten öffentlichen Toiletten weit und breit.

Außer den privaten Yachten fahren von der Marina aus auch die »Meer-Pfadfinder« zu ihren Touren, und Vereine wie Etgarim (s. Seite 72) starten Aktivitäten hier.

Am Ende des Zugangsbereiches gegenüber der Mole, deren Ende ein kleiner grün-weiß gestreifter Leuchtturm ziert, steht etwas unmotiviert auf einem Betonsockel eine Bank. Neben ihr sind zwei weitere Betonsockel aufgeschichtet, auf denen ein Stahlkonstrukt steht, mindestens genauso unmotiviert, das wie eine Blume aussieht. Ob es sich dabei tatsächlich um ein Kunstwerk handelt, bleibt ein Geheimnis, niemand weiß etwas dazu. Auf jeden Fall sitzt man dort ganz herrlich, wenn es gelingt, die Bank zu ergattern, und kann den Booten beim Aus- und Einlaufen und der Sonne beim Untergehen zusehen.

Adresse Marina Tel Aviv, auf Höhe der Mündung der Sderot Ben Gurion, Tel Aviv-Alter Norden | **ÖPNV** Bus 4, 10, 13, Haltestelle Ben Yehuda / Arlosoroff | **Tipp** Im exklusiven Blue Sky Restaurant im obersten Stock des Carlton Hotels, direkt am Strand vor der Marina, kann man, auch ohne Hotelgast zu sein, die Aussicht auf Meer und Stadt genießen. Auf der Dachterrasse lässt es sich mit einem Kaffee oder Drink gut aushalten.

10＿Die Banyan-Feige

In Azorei Hen den Tarzan raushängen lassen

Ganz im Norden der Stadt, wo sich Tel Aviv in Neubaugebieten verliert, gibt es wenig Interessantes zu sehen. Ein Wohnviertel reiht sich ans andere, und die wabenartig aneinandergebauten Häuser sehen alle gleich aus. Das Spannendste hier ist der Weg zum Strand: Hier lässt sich eine hübsche Grünfläche besuchen, am Rand der Wohnsiedlung Azorei Hen. »Gan-ed mejasdej haIr« wird sie hochtrabend genannt, »Gartenmonument für die Gründer der Stadt«. Tatsächlich wurde die kleine Anlage vom Bauträger der Wohnanlage errichtet, und weil das zufällig 1999 war, inspirierte das 90-jährige Jubiläum der Stadtgründung die Namensgebung. Daran erinnert ein schön gestalteter Gedenkstein an der Ecke zur nach dem jiddischen Schriftsteller Uri Zvi Greenberg benannten Straße.

In der Anlage gibt es einen Spielplatz und einen Brunnen in Form eines Davidsterns, nichts Besonderes, wenn man von der Rasenfläche selbst absieht: viel satte Wiese ist ja auch keine Selbstverständlichkeit in Tel Aviv. Sie wird von den Kindern der Gegend gerne für Fußball und sonstige Spiele genutzt.

Die wahre Perle der Anlage steht am Rand, nah an der Straße: eine Banyan-Feige. Diese Ficus-Art schlägt viele Luftwurzeln, vor allem in feuchten Gegenden – und dazu gehört Tel Aviv, im Sommer beträgt die Luftfeuchte 70 Prozent. Die Wurzeln des Baumes vergrößern zunächst seinen Umfang und wachsen mit der Zeit dann in den Boden hinein, sodass es aussieht, als habe er viele Dutzende kleiner Stämme.

Dieser Banyan hier ist ein besonders schönes Exemplar, an dem man das gut erkennen kann. Er ist um ein Vielfaches breiter geworden, denn die allermeisten Luftwurzeln sind fest im Boden verwachsen. Man findet aber immer noch ein paar, die lose hängen, und das verleitet nicht wenige Besucher, wie Tarzan daran zu schwingen. Auch wenn das vor allem Kindern Spaß macht: der Baum hält sogar erwachsene Tarzane aus.

Adresse Uri Zvi Greenberg Street, nahe am Kreisverkehr, Tel Aviv-Aviv Klippen (Zukei Aviv) | **ÖPNV** Bus 125, Haltestelle Kdoshei haShoa / Zvi Propes | **Tipp** In dem kleinen Einkaufszentrum gegenüber ist die Gelateria Grinberg zu finden, wo es Eis ganz wie in Italien gibt. Keine ausgefallenen Sorten, wie Hummus oder Marshmallow, sondern solides italienisches Eis. Aber Vorsicht, ein Besuch kann leicht in eine echte Kalorienschlacht ausarten, denn in der Gelateria gibt es auch Kuchen, Süßigkeiten und Konfekt.

11 Das Basel-Viertel

Wer erinnert sich noch an den Markt?

Die Gegend rund um die Basel Straße ist eine der beliebtesten Café-Meilen der Stadt, und das schon seit vielen Jahren. Hartnäckig hält sich das Viertel als hippe Top-Location mit angenehm ruhiger Atmosphäre. In den Straßen rund um den Bonei-haIr-Platz reihen sich neben vielen kleineren und größeren Cafés und Bistros auch Mode- und Schuhläden aneinander sowie Sushi-Imbisse, Bäckereien oder genauer Patisserien, Babymoden-Geschäfte und Eisdielen – alles, was das Herz eines Zfonboni eben begehrt. Denn Basel, das ist die Heimat der Zfonbonim, wie man spöttisch die verwöhnten Bewohner Nord-Tel Avivs nennt. Besonders beliebt ist nach wie vor das Lulu in der Elkalai Straße, auch wenn die Backwaren heute sicher nicht mehr zu den besten der Stadt gehören. Und natürlich liegt im Basel-Viertel auch die »Mutter«-Filiale der Vaniglia-Eisdielen, die von dort aus das ganze Land eroberten.

Die wenigsten, die heute hier ihren Kaffee hafuch trinken, können sich daran erinnern, was noch vor gut 20 Jahren den freien Platz in der Mitte des Viertels dominierte. Wegen der großen Entfernung zu den vorhandenen Märkten der Stadt wurde für die Bewohner der nördlichen Wohnviertel Anfang der 1940er Jahre der Basel-Markt eröffnet. Im Gegensatz zu den übrigen Märkten war er überdacht, ein echtes Novum. Hier wurden Gemüse und Obst, später auch Geflügel und Fische verkauft. Neben der Markthalle lagen die zentrale Feuerwehrwache der Stadt sowie eine Station des Magen David Adom, dem Pendant zum Roten Kreuz.

Mit den Jahren fand der Markt immer weniger Anklang. Die Überdachung erwies sich nicht nur als Vorteil, und ein Parkplatz für Müllautos direkt neben der Markthalle sorgte für Geruchsbelästigung.

In den 1980er Jahren wurde beschlossen, die Halle abzureißen, die Feuerwehrwache zog an den Hafen, und das gesamte Areal wurde umgebaut, sodass die Cafés Einzug halten konnten.

Adresse Basel Street, zwischen Sokolov und Yehoshua Bin Nun Street, Tel Aviv-Alter Norden | **ÖPNV** Bus 5, Haltestelle Dizengoff/Basel, Bus 25, Haltestelle Ibn Gvirol/Pinkas | **Tipp** Zwei Seitenstraßen weiter, in der haBashan Street, steht zwischen den Nummern 1 und 3 ein winziges Häuschen. Ein Gedenkstein erinnert daran, dass hier zwischen 1944 und 1946 Rabbi Israel Sassover lebte. Hinter diesem Decknamen verbarg sich der spätere Ministerpräsident Menachem Begin, der zu jener Zeit Kommandant der militanten Untergrundorganisation Etzel war und hier unerkannt mit seiner Familie lebte.

12 Das Beit-Daniel-Zentrum

Die liberale Art, den Schabbat zu begrüßen

Im 19. Jahrhundert entstand in Deutschland das Reformjudentum infolge von Aufklärung und Emanzipation und bildete vor 1933 die Mehrheit der sogenannten Einheitsgemeinden. Mit der Vernichtung der deutschen Juden verschwand auch diese später als liberal bezeichnete Strömung im Judentum. Emigranten stärkten die Bewegung in den USA, wo es bereits in der ersten Hälfte des 19. Jahrhunderts erste Gemeinden gab. Heute hat die 1926 gegründete Weltunion für Progressives Judentum 1,8 Millionen Mitglieder auf der ganzen Welt. Auch in Israel gibt es gut zwei Dutzend Gemeinden übers ganze Land verteilt, aber das Reformjudentum ist hier ganz klar in der Minderheit. Im Großraum Tel Aviv gibt es nur eine Gemeinde: Beit Daniel.

Seit 1991 tritt Beit Daniel, von Rabbiner Meir Azari geleitet, mit Synagoge, religiösem Unterricht und Kulturveranstaltungen für ein pluralistisches Judentum ein. Das Reformjudentum unterscheidet zwischen ethischen und rituellen Geboten, wobei letztere den Lebensumständen angepasst werden können und die Einhaltung dieser Gebote dem Einzelnen überlassen bleibt. Frauen und Männer sind vollkommen gleichgestellt, sodass auch Frauen zur Tora aufgerufen und Rabbinerinnen werden können. Das Reformjudentum erkennt außerdem gleichgeschlechtliche Partnerschaften an.

Diese Grundsätze haben dazu geführt, dass Beit Daniel weit über den engeren Kreis der Mitglieder hinaus bekannt und beliebt ist und auch von säkularen Israelis gerne besucht wird. Die Gottesdienste sind sehr lebhaft gestaltet und immer von viel Gesang und Gitarre begleitet. Vor allem an Feiertagen wie Jom Kippur, Rosch haSchana und Purim ist das Haus richtig voll. Das Reformjudentum legt großen Wert auf interreligiösen Dialog, deswegen sind auch Nichtjuden immer willkommen. Wer zum ersten Mal in eine Synagoge geht, der besucht Beit Daniel am besten zum Kabbalat Schabbat am Freitagabend, der für alle offen ist.

Adresse Bnei Dan Street 62, Tel Aviv-Neuer Norden, www.beit-daniel.org.il | **ÖPNV**
Bus 5, 7, 25, 89, Haltestelle Yehuda haMaccabi / Derech Namir | **Öffnungszeiten** Uhrzeit
für Gottesdienste und Programm für Kulturveranstaltungen auf der Webseite | **Tipp** In
Jaffa unterhält Beit Daniel ein weiteres Zentrum, Mishkenot Ruth Daniel, das neben den
Gottesdiensten sowohl Gästezimmer zur Übernachtung wie auch geführte Touren durch
Jaffa anbietet.

13__Das Beit haJozer

Da weiß man, wo das Geld hingeht

Als Musiker sein tägliches Brot zu verdienen ist überall schwierig. In Israel ist es das ganz besonders. Nicht nur weil der Markt kleiner ist als in Europa oder Amerika, sondern auch weil Kultur immer das Erste ist, an dem in Krisenzeiten gespart wird. Obwohl sie gerade dann besonders nötig wäre. Vor allem Musiker, die abseits des Mainstreams spielen, haben es nicht einfach. Hier greift eine gute Initiative von Acum, der israelischen Vereinigung, die die Rechte von Musikern, Schriftstellern und Verlagen wahrt: das Beit haJozer (»Haus des Schöpfers«).

Seit 2012 steht den rund 8.000 Acum-Mitgliedern in einer Top-Location an der Ausgehmeile des Hafens eine Bühne zur Verfügung, die sie kostenlos nutzen können. Acum stellt die Infrastruktur wie Werbung, Sound, Licht, Kartenverkauf und alles Weitere und behält keinerlei Gebühren ein. Der Erlös aus den Eintrittskarten kommt ganz den Künstlern zugute, nicht wie in anderen Clubs, wo gerne mal 50 Prozent an den Veranstalter fließen. Diese Unterstützung erlaubt es jungen Künstlern, die noch am Anfang ihres Weges stehen, auf die Bühne zu kommen, und Etablierte haben die Möglichkeit, neue Projekte vorzustellen. Das Programm – es gibt täglich mehrere Veranstaltungen – ist dementsprechend bunt gewürfelt: Rock, Pop, alternative Musik, Jazz, Flamenco und am Wochenende Kinderkonzerte (im Bild: Arik Livnat), alles ist dabei. Außerdem finden im Beit haJozer Vorlesungen und Workshops statt, die sich der Literatur widmen.

Der einfache, aber hohe Raum im Hangar sorgt für angenehme Atmosphäre. Bei Bestuhlung passen etwa 140 Leute ins Beit haJozer, es bleibt also immer relativ intim, und die Stimmung ist meistens sehr locker und familiär. Eine kleine Bar sorgt für Erfrischungen. Und während man der Musik lauscht, kann man guten Gewissens behaupten, mit der direkten Unterstützung von Künstlern eine gute Wahl getroffen zu haben.

Adresse Hangar 22, Namal Tel Aviv, http://bama.acum.org.il (nur Hebräisch), E-Mail acumnamal@gmail.com | **ÖPNV** Bus 4, 13, Haltestelle Dizengoff/Zidon, Bus 11, Haltestelle haYaron/Schaar Zion | **Öffnungszeiten** fast täglich, entweder um 19 oder 20 Uhr, bitte auf Webseite schauen | **Tipp** Im Hangar nebenan befindet sich die Zezeze-Architektur-Galerie, die einzige Galerie der Stadt, die sich ausschließlich Architekturprojekten und der bebauten Umgebung widmet. Gezeigt werden sowohl israelische wie auch internationale Arbeiten (http://zezezegallery.com).

14__Das Benyamini-Zentrum

Keramikkunst, die zum Mitmachen einlädt

Am Rande der Kiryat haMelacha (s. Seite 114) hat sich seit einigen Jahren das Benyamini-Zentrum für zeitgenössische Keramik etabliert. Das kleine weiße Haus ist nicht nur optisch ein Außenseiter – und das im positiven Sinne – und nicht nur eine Galerie, sondern auch ein Studio, in dem aktiv gelehrt und gelernt wird. Es steht nicht nur Künstlern offen, sondern sucht ganz gezielt den Dialog mit dem breiten Publikum, welches eingeladen ist, auch selbst Hand anzulegen.

Die angebotenen Kurse wenden sich nicht nur an fortgeschrittene Keramikkünstler, die etwa bestimmte Techniken verfeinern wollen, sondern ebenso an Anfänger aller Altersgruppen, die gerne einmal den Ton auf der Töpferscheibe spüren wollen. Wer lieber nur Zuseher bleibt, kann die über zwei Etagen reichende Galerie besuchen. Die Ausstellungen wechseln etwa alle zwei Monate. Daneben gibt es Galeriegespräche, geführte Rundgänge und andere Veranstaltungen. Eine gut sortierte Bibliothek zur Keramikkunst rundet das Angebot des Benyamini-Zentrums ab. Außerdem bekommen junge Künstler hier Starthilfe: Jeweils drei Gäste können für ein Jahr ein kleines Studio nutzen.

Der Grundgedanke des Hauses geht auf die beiden Keramiker Issachar und Jehudit Benyamini zurück, die in ihrem Haus im Norden der Stadt ein kleines Keramikstudio betrieben, wo sie selbst arbeiteten und auch unterrichteten. Issachar kam 1990 bei einem Besuch in Ägypten durch einen Terroranschlag ums Leben. Seine Frau Jehudit wünschte sich, dass das gemeinsame Zuhause zu einem Kunstzentrum würde. Ihre ehemalige Schülerin und Freundin Marcelle Klein konnte diesen Wunsch schließlich an anderem Standort erfüllen. Die besondere Atmosphäre, die man gleich bemerkt, wenn man durch die Tür kommt, macht das Benyamini-Zentrum zu einem Ort, an dem man das Entstehen der Kunst sehen und erleben kann, und dadurch ganz einfach Lust bekommt, selbst kreativ zu werden.

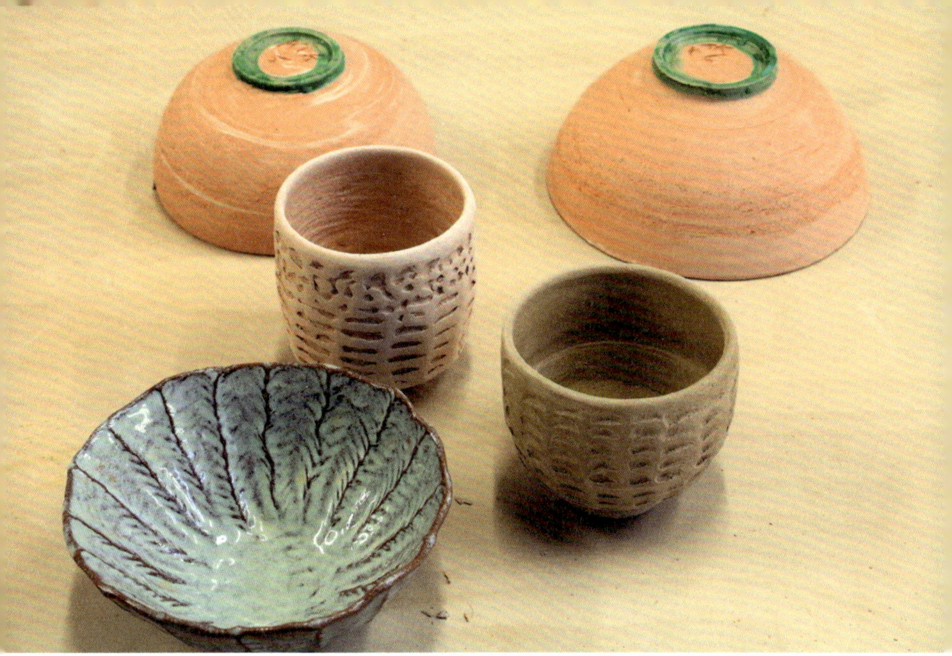

Adresse haAmal Street 17, Tel Aviv-Herzl Hügel (Givat Herzl) | ÖPNV Bus 3, 19, 72, Haltestelle Schocken / Derech Kibbuz Galuyot | Öffnungszeiten Galerie Mo – Do 11 – 19 Uhr, Fr, Sa 11 – 14 Uhr | Tipp Gleich an der Ecke der Schocken Street befindet sich das Hauptgebäude der Tageszeitung »Haaretz«. Die Kunstsammlung Amos Schockens bleibt leider den Mitarbeitern vorbehalten, aber man kann einen kurzen Blick in den Eingangsbereich werfen, wo bereits einige Bilder hängen – und auch die Titelseiten der aktuellen Ausgabe und Beilagen.

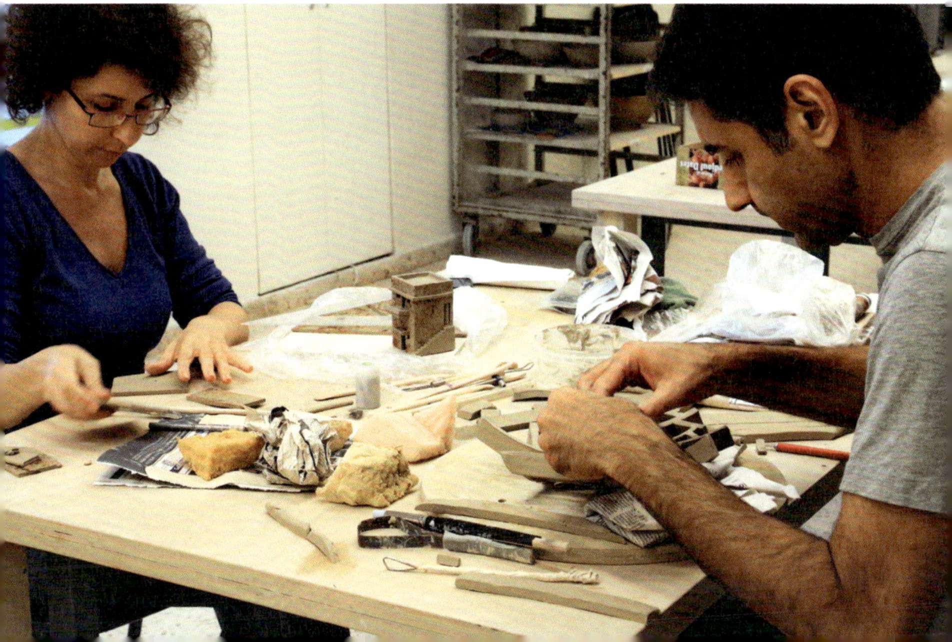

15 __ Die Bibliothek Beit Ariela

Im ehrwürdigen Betonbunker schmökern

Große alte Bibliotheken haben ja oft etwas Ehrwürdiges an sich. Das kann man von Beit Ariela, Tel Avivs zentraler Bibliothek, nicht behaupten, sie wirkt im Vergleich eher wie das hässliche Entlein. Dabei ist die Bibliothek für israelische Verhältnisse durchaus alt. Die Gründung geht auf die erste Lesegruppe in Jaffa von 1886 zurück. 1922 wurde die Bibliothek, die den Namen Schaar Zion (Tor Zions) trägt, offiziell zur Stadtbibliothek ernannt und residierte zunächst an der Ecke Herzl / Ahad haAm. Anfang der 1960er Jahre musste das Gebäude dem Bau des Shalom-Turms (s. Seite 178) weichen. Die Bibliothek kam vorübergehend woanders unter, bis sie 1977 das neue Gebäude am Shaul haMelech Boulevard bezog und nach der Tochter des Spenders benannt wurde. Große Hallen gibt es hier nicht, der Betonkoloss vermittelt dem Besucher eher das Gefühl, einen überdimensionierten Bunker zu betreten. Einmal angekommen, entdeckt man allerdings nach und nach einige Schätze. Denn Beit Ariela beherbergt wichtige Spezialabteilungen, wie zum Beispiel die Rambam-Bibliothek mit ihren rabbinischen Quellen, das Israelische Archiv für modernen Tanz oder das Archiv hebräischer Schriftsteller, das rund 750 persönliche Nachlässe enthält.

Am schönsten ist aber der ganz schlichte Zeitungslesesaal. Hier kann man sich ausführlich mit der Lektüre der Tagespresse vergnügen. Dabei wird man auf ein Sammelsurium von Stammlesern stoßen, die hierherkommen, um ungestört von der Lärmkulisse in Cafés oder in größerer Gesellschaft als zu Hause zu lesen. In den Regalen frei zugänglich stehen die letzten Jahrzehnte der großen Tageszeitungen, und das Archiv enthält die übrigen Jahrgänge seit dem Ende des 19. Jahrhunderts beziehungsweise seit Gründung der entsprechenden Zeitungen. Und auch wer des Hebräischen nicht mächtig ist, hat viel zu lesen, von der »Jerusalem Post« über den »Herald Tribune« zur »International New York Times«.

Adresse Sderot Shaul haMelech 25, Tel Aviv-Neuer Norden | **ÖPNV** Bus 9, 38, 82,
Haltestelle Beit haMischpat / Sderot Schaul haMelech | **Öffnungszeiten** Zeitungslesesaal
So–Do 10–19 Uhr, Fr 9–12 Uhr | **Tipp** Am späten Nachmittag verwandelt sich der
Durchgang von Beit Ariela und der Oper und weiter Richtung Dubnov Garten in eine
Skateboard-Arena. Die Skater sind zwar deutlich bescheidener mit ihren Kunststücken als
in manch anderen Großstädten, aber es macht großen Spaß, ihnen vor der Kulisse von
Museum und Oper zuzusehen.

16__Das blaue Haus

Lea Goldbergs Arnon Straße

»Die Arnon Straße ist nicht die größte Straße in Tel Aviv. Ganz im Gegenteil, eine kleine Straße ist es, fast eine Gasse. (…) Nur kleine Autos fahren darin, und ab und an ein Laster. Und je weniger der Verkehr in der Straße ist, desto mehr Kinder gibt es.« Viele Jahrzehnte sind vergangen, seitdem Lea Goldberg mit diesen Zeilen ihr Kinderbuch »Meine Freunde aus der Arnon Straße« begann. Geändert hat sich wenig. Noch immer ist die Arnon Straße eine kleine und ruhige Seitenstraße ohne Durchgangsverkehr, in der man mehr verschlafene Katzen als Fußgänger antrifft. Nur Kinder sieht man weniger, dafür mehren sich die Celebrities.

Lea Goldberg, 1911 in Königsberg geboren und im litauischen Kaunas aufgewachsen, wanderte nach Studium und Promotion in Berlin und Bonn 1935 nach Palästina ein und lebte 20 Jahre lang in der Arnon Straße 15, bevor sie nach Jerusalem zog, wo sie an der Hebräischen Universität unterrichtete. Die charismatische Schriftstellerin, die nie heiratete und mit ihrer Mutter zusammenlebte, verfasste Prosa, Lyrik, Theaterstücke, war eine vorzügliche Übersetzerin und schrieb außerdem eine Reihe Kinderbücher, die zum Kanon der klassischen israelischen Kinderliteratur gehören.

Im Vorwort der Neuauflage von »Meine Freunde aus der Arnon Straße« betonte Goldberg, dass in diesem Buch sehr viele Dinge stünden, die wirklich so geschehen seien. Tatsächlich habe sie in der Arnon Straße gewohnt, und tatsächlich habe es ein blaues Haus gegeben, wie es in der Geschichte über »Uri aus dem blauen Haus« heißt.

Dass dieses auch heute noch steht, davon kann sich jeder Besucher überzeugen. Wer das blau gestrichene Bauhaus mit der Nummer 9 betrachtet, muss wirklich annehmen, die Zeit sei stehen geblieben. Noch immer lebt dort die Familie seines Erbauers Uriel Rosner, der die Farbe als Symbol für jüdische Arbeit und den Kibbuz wählte.

Adresse Arnon Street, Tel Aviv-Alter Norden | **ÖPNV** Bus 4, 10, 13, Haltestelle Ben Yehuda/Sderot Ben Gurion | **Tipp** Am Ende der Straße lädt eine kleine, nach Eran Weichselbaum benannte Grünanlage mit Spielplatz zum Ausruhen ein. Eran wuchs in der Arnon Straße auf und kam 1992 bei einer Militärübung ums Leben.

17 _ Das Boheme-Viertel
Arbeiterwohnungen im internationalen Stil

In den 1930er Jahren wurde die Idee der Kooperative auch in die urbane Bauweise übertragen, und eine Reihe von Arbeiterwohnblöcken entstand. Angelegt waren sie als eigenständige Kleinsiedlungen mit Lebensmittelladen und Kindergärten; die Wäsche wurde gemeinsam auf dem Dach gewaschen, und der große Grünbereich im Innenhof ermöglichte es den Bewohnern, Gemüse anzubauen. In Tel Aviv wurden insgesamt acht solcher Meonot Ovdim gebaut, darunter auch die Meonot Hod. Die drei zusammenhängenden Gebäude in U-Form an der Kreuzung der Parallelstraßen Dov Hoz und Frug mit Frishman sind vor allem wegen ihrer zentralen Lage und der illustren Runde ihrer ehemaligen Bewohner bekannt.

Gewerkschaft und Jüdischer Nationalfonds erwarben den Grund, auf dem die Arbeiterwohnblöcke 1935 bis 1945 nach europäischem Vorbild gebaut wurden. Architekt Arie Scharon, der seine Ausbildung am Bauhaus in Dessau absolvierte und 1920 nach Palästina einwanderte, plante die Wohnungen im internationalen Stil. Dieser kleine Kibbuz im Herzen der Stadt hatte zahlreiche berühmte Bewohner, von Politikern über Gewerkschaftler bis zu Kulturschaffenden. Der ehemalige Ministerpräsident Levi Eschkol lebte hier, Mordechai Namir, später Bürgermeister Tel Avivs und Arbeitsminister, die Pianistin Pnina Salzman, der Gründer des Theaters »haOhel« Mosche haLevy und viele andere. Die Hagana, eine vorstaatliche Militärorganisation, hatte ihr Hauptquartier im Meonot, in der Wohnung von Joseph Avidar, einem der Gründer und Kommandanten der Organisation.

In den Straßen wurden später weitere Wohnblöcke gebaut, in denen vor allem Schauspieler von haBima und haOhel lebten. Aber auch der Begründer der nach ihm benannten Methode, Moshe Feldenkrais, wohnte hier. Heute erinnern daran zahlreiche Gedenktafeln an den Häusern von Dov Hoz und Frug, die zum Spaziergang durch das ehemalige Boheme-Viertel einladen.

Adresse Kreuzung Frishman Street mit Dov Hoz und Frug, Tel Aviv-Alter Norden |
ÖPNV Bus 5, 22, 39, 61, Haltestelle Dizengoff/Beit Lessin oder Dizengoff/Frishman |
Tipp Wer nach dem Spaziergang durch das Viertel eine Erfrischung sucht, der sollte im
Tamara, Ben Yehuda Street 96, direkt an der Ecke Gordon Street, einkehren. Dort gibt es
nicht nur tollen Frozen Yoghurt mit frischen Früchten, Nüssen und anderen Toppings,
sondern auch die passenden Heidi-Schaukeln.

18___Der Botanische Garten

Den Wurzeln beim Wachsen zusehen

Mit den großen Gärten Europas kann er sich zwar nicht messen, aber der Botanische Garten der Universität Tel Aviv ist dennoch eine wunderbare grüne Insel, die gerade weil sie viel weniger aufgeräumt ist als ihre europäischen Verwandten, einen ganz besonderen Charme besitzt. Der Garten wurde 1973 gegründet und bietet heute Lebensraum für gut 3.800 Pflanzenarten. Zuallererst dienen sie der Universität für Lehre und Forschung.

Zu finden sind Pflanzen, die in Israel und der Region heimisch sind. Hier zeigt sich die Pflanzenvielfalt der unterschiedlichen Klimaregionen Israels, von mediterranen Zwergsträuchern, die für die Küste typisch sind, über Sumpfgewächse wie Seerosen und Papyrus, bis zu Wüstenvegetation. Der Garten hat aber auch Pflanzen aus aller Welt, ein Palmenhaus, Sukkulenten und Kakteen, ein Tropenhaus, Nutzpflanzen und vieles mehr. Ein Schwerpunkt liegt auf dem Erhalt der vom Aussterben bedrohten Arten. Auf dem Gelände finden auch zahlreiche Lehrveranstaltungen statt, die nicht direkt mit der Universität in Verbindung stehen, etwa in der speziellen Sammlung von Heilpflanzen.

In der warmen Jahreszeit kommen naturbegeisterte Kinder in der Sommerbetreuung des Campus Teva in den Garten. Wenn man Glück hat, ist man als Privatperson trotz dieser vielen Aktivitäten relativ alleine auf den verschlungenen Pfaden unterwegs, die einen vergessen lassen, dass man sich mitten in einer Großstadt befindet. Trifft man auf eine Schulklasse, hilft nur eines: auf einer der idyllischen Bänke abwarten.

Auch eine Weltbesonderheit zeichnet den Garten aus: In einem aeroponischen Labor wird das Wachstum von Wurzeln untersucht. Dazu wurde ein Höhlen-ähnlicher Keller erbaut, der in vier sechs Meter hohen Räumen das Wurzelwachstum durch Zufuhr von Feuchtigkeit und Nährstoffen, aber ohne Erde ermöglicht und damit Erkenntnisse über Anbau und Umwelteinflüsse liefert.

Adresse Klausner Street, Universität Tel Aviv, Eingang gegenüber Tor 2 des Universitäts-geländes | **ÖPNV** Bus 7, 25, Haltestelle Beit haTfuzot / Klausner | **Öffnungszeiten** So – Do 8 – 16 Uhr, Tropenhäuser 8 – 14.30 Uhr, jeden letzten Freitag des Monats, um 9 Uhr, gibt es eine kostenlose geführte Tour durch den Garten | **Tipp** Die 800 Meter lange »Wissen-schafts-Promenade«, die vom nagelneuen Naturkundemuseum neben dem Botanischen Garten bis zur Zughaltestelle Universität führt, offenbart phänomenale Aussichten auf das nordöstliche Tel Aviv und die Umgebung. Das Gebäude der Porter School of Environmental Studies gehört zu den »grünsten« Gebäuden weltweit.

19 Die Boulevard-Cafés

Ben Gurion in der Kaffeetasse

Es ist eine der bekanntesten historischen Aufnahmen Tel Avivs: der Rothschild-Boulevard nur wenige Jahre nach der Gründung der Stadt. Häuserreihen auf Sand, in der Ferne das Herzlija-Gymnasium, von Bäumen noch keine Spur. Aber einen Kiosk gab es schon in der Mitte des großen »Boulevards«. Diesen Vater aller Kioske gibt es heute noch auf dem Rothschild, wenn auch wesentlich hipper. Während normale Kioske auch in Tel Aviv Zeitungen, Getränke und Süßwaren verkaufen, haben sie sich auf den Boulevards (hebräisch: Sderot) zu kleinen Boutique-Cafés gewandelt, die Horden von Kaffee-Süchtigen anziehen.

Besonders schön sind die Cafés auf dem Ben-Gurion-Boulevard. Weniger schick als der große Bruder Rothschild führt der etwa einen Kilometer lange Boulevard vom nördlichen Ende des Rabin-Platzes über Dizengoff und Ben Yehuda Straße bis zum Atarim-Platz. Und so kann man sich vom Rathaus aus Richtung Meer durch die Cafés naschen und trinken.

Los geht es mit dem relativ neuen Safsal an der Ecke Shlomo haMelech, das auch warmes Essen anbietet. Eine richtige Institution ist das Cafecito an der nächsten Kreuzung, das vor allem von Leuten aus dem Viertel besucht wird. Von morgens 6 bis 1 Uhr nachts gibt es hier Kaffee und Sandwiches zu guten Preisen. An der Ecke Dizengoff hat das Le CaPhe, eine Mischung aus italienischer Café-Bar und vietnamesischem Snackimbiss, neu eröffnet, und es gibt bereits eine Filiale am Ben-Zion-Boulevard. Vorbei an der Tamara-Saftbar, wo man die herrlichsten Fruchtsäfte in allen nur erdenklichen Kombinationen bekommt, gelangt man zur letzten Kreuzung der Ben Yehuda Straße. Hier steht ein kleines, verträumtes hellblaues Häuschen, das Berale, das den süßen Abschluss der Tour bildet. Nur Kaffee, guten Kaffee, und Gebäck, auch lecker, gibt es hier. Jedes der Cafés hat seinen eigenen Rhythmus, Stil und Kundschaft, und für jeden ist etwas dabei.

Adresse entlang des Sderot Ben Gurion, Tel Aviv-Alter Norden | **ÖPNV** Bus 10, Haltestelle Sderot Ben Gurion/Shlomo haMelech, Bus 25, 26, Haltestelle Iriat Tel Aviv/Ibn Gvirol | **Öffnungszeiten** irgendeines hat immer offen, auch am Shabbat | **Tipp** An der Kreuzung Sderot Ben Gurion/Adam haCohen erinnert in der Mitte des Boulevards ein Gedenkstein an die drei jungen Frauen, die hier im März 1997 durch einen palästinensischen Selbstmordattentäter getötet wurden. Der Künstler Eliezer Weishoff schuf einen Gedenkstein mit drei verwelkten Rosen zu ihrem Andenken.

20__Die Braut-Meile

Die Hochzeit beginnt auf der Dizengoff Straße

Auf der Dizengoff flanieren, unter den großen schattenspendenden Bäumen auf breiten Gehwegen Schaufenster inspizieren, einen Café-Stopp einlegen und mit Freunden plaudern. Das war einmal so beliebt, dass dafür sogar ein eigenes Verb im Hebräischen entstand: lehisdangef. Aber die große Zeit der Straße ist lange vorbei: In den 1950er und 60er Jahren war die Dizengoff das Zentrum der Tel Aviver Boheme, damals traf man sich in den zahlreichen Cafés, allen voran im legendären Kassit.

Benannt nach Tel Avivs erstem Bürgermeister Meir Dizengoff, übrigens noch zu dessen Lebzeiten, verbindet die Straße das Zentrum der Stadt von der Ibn Gvirol bis zum Hafen im Norden. Modegeschäfte und Cafés dominieren bis heute die ehemalige Schickimicki-Meile, deren Niedergang in den 1980er Jahren begann. Negative Folgen brachte die Eröffnung des Dizengoff-Einkaufszentrums 1977, aber auch die Umgestaltung des nach Dizengoffs Frau Zina benannten Platzes hat dem Charme der Straße sehr geschadet.

Auch wenn es in den letzten Jahren ein kleines »Comeback« der Dizengoff gab: Um ausgefallene Mode zu finden, kommt man nicht mehr hierher – es sei denn, man will bald heiraten! Richtung Norden, etwa ab der Kreuzung Arlosoroff, bietet auf gut 800 Metern so gut wie jedes zweite Geschäft Brautmoden an. Einer nach dem anderen zeigt neueste Kreationen für Zehntausende von Schekeln, versucht die Konkurrenz zu übertreffen. Zur Abwechslung gibt es auch mal einen Beauty-Salon oder ein auf Bräute spezialisiertes Schuhgeschäft. Vor allem an Dienstagen, an denen in Israel besonders gerne geheiratet wird, kann man hier beobachten, wie sich Bräute schön machen, denn das passiert oft genau hier, direkt beim Designer, der selbst letzte Hand anlegt. Vor der Tür warten dann hibbelige Bräutigame vor geschmückten Autos, um gemeinsam dem neuen Lebensabschnitt entgegenzufahren.

Adresse Dizengoff Street, nördlich der Arlosoroff Street, Tel Aviv-Alter Norden | **ÖPNV**
Bus 5, 9, 39, 72, Haltestelle Dizengoff/ Arlosoroff | **Tipp** Die Gina-Galerie für Naive
Kunst in der Dizengoff 255 ist immer einen Besuch wert. Die Ausstellungen wechseln alle
zwei Monate und zeigen Künstler aus der ganzen Welt (www.ginagallery.com).

21 Der Buchladen Halper

Im Secondhand-Himmel auf der Allenby

In der Allenby Straße findet man viel Billiges. Billige Klamottenläden, billige Pubs, billige Strip-Lokale. Die Straße hat schon lange nicht mehr den besten Ruf, obwohl dort früher einige Kultureinrichtungen, wie etwa das Mughrabi-Kino, standen. Heute ist die Allenby schmuddelig und laut und hat viele Ramschläden. Aber sie ist auch ein Eldorado für Bücherfreunde. Denn hier reihen sich auf zwei Kilometern vom Rothschild-Boulevard Richtung Meer etwa ein Dutzend Secondhand-Buchläden aneinander. Manche sind spezialisiert, etwa auf russische oder spanische Bücher, andere haben ein bunt gewürfeltes Angebot, in dem man immer wieder einen echten Schatz finden kann.

Besonders ist das im »Halper Bookstore« der Fall. Etwa zwei Drittel der 50.000 Titel im Laden sind in Englisch, aber es gibt auch französische, spanische und deutsche Bücher. Hier ist das Angebot zwar deutlich kleiner, aber es ist dennoch eine feine Auswahl. Unter den deutschen Büchern ist alles Mögliche dabei: Rosamunde Pilcher und Walter Benjamin stehen einträchtig nebeneinander.

Halper ist im rückwärtigen Teil des Gebäudes ansässig. Nur ein kleiner Schaukasten weist den Weg in den Hof. Dafür kann sich der Laden, der buchstäblich aus allen Nähten platzt, auch im Hof ausbreiten, wo weitere Regale und Zeitschriftenständer untergebracht sind.

Yosef Halper, der in den 1980er Jahren aus New Jersey einwanderte und den Laden 1991 eröffnete, kennt jedes einzelne seiner Bücher und hilft gerne. Die vier Räume sind vom Boden bis unter die Decke zugestellt, und man muss sich einen Weg durch dieses Labyrinth suchen. Alle Genres sind vertreten, Belletristik, Kinderbücher, Comics, Reisebücher und Zeitschriften. Halper führt auch eine sehr gute Auswahl an Sachbüchern zu fast allen akademischen Disziplinen. Zu seinen Kunden zählen Tel Aviver und Touristen, Akademiker und Studenten, Sammler und Schnäppchenjäger.

Adresse Allenby Street 87, Tel Aviv-Stadtmitte | **ÖPNV** Bus 4, 17, 19, 31, 72, Halte-stelle Allenby/Montefiori oder Allenby/Maze | **Öffnungszeiten** So–Do 9–19.30 Uhr, Fr 9–16 Uhr | **Tipp** Um die Ecke in der Montefiori Street 36 befindet sich das gleich-namige Boutique Hotel, das auch ein vorzügliches Restaurant hat. Morgens gibt es zum exquisiten Frühstück und Brunch ausgewählte Cocktails in der ansonsten vietnamesisch inspirierten Brasserie.

22 Das Chanut-Theater
Alternative Kunst in der Vitrine

Die Alija Straße ist gewissermaßen der kleine Bruder der Allenby Straße, in deren Verlängerung sie liegt, und eine reine Geschäftsstraße. In den 1930er Jahren wurde hier die erste Markthalle der Stadt gebaut, und der nahe Levinsky-Markt hat noch Ausläufer bis hierher. Zwischen Gemüse-, Eier- und vielen Spirituosengeschäften sticht ein kleiner, ungewöhnlicher Laden heraus: Im Schaufenster der Nummer 31 wird man keine Waren, sondern Kunst finden. »Der Laden« heißt das kleine Theater schlicht, das hier ansässig ist. Auch außerhalb der Spielzeiten zeigt es im Schaufenster kleine Ausstellungen, und manchmal tönt auch Livemusik aus der Vitrine. Ein ehrgeiziges Projekt, das Schachar Marom und Oded Wertsch hier ins Leben gerufen haben, um alternativen Kunstformen eine Bühne zu bieten.

Allen voran ist haChanut Heimat für Objekttheater – und damit einzigartig im ganzen Land. Diese dem Puppentheater verwandte Kunstform wächst noch eher zögerlich in Israel. Marom, der selbst Puppen- und Objekttheater spielt, hat ihr ein Zuhause gegeben, und die besten Künstler aus diesem Bereich sind hier zu sehen. Aber haChanut zeigt mehr und ist dabei enorm vielseitig: Theater, moderner Tanz, Konzerte, Vorstellungen für Kinder, Screenings von Videoarbeiten, alles ist in dem kleinen umgebauten Laden zu sehen. Viele Vorstellungen in diesem Schatzkästchen kann man auch besuchen, ohne des Hebräischen mächtig zu sein.

Oft gibt es als Aufwärmer eine kleine Darbietung in der Vitrine, für das Publikum stehen dann auf dem Gehweg Stühle – sehr zur Verwunderung der Passanten, die sich oft dazugesellen. Danach bahnt man sich den Weg durch den schweren schwarzen Vorhang ins Innere des kleinen Theaters. Nur 30 Plätze gibt es hier. Mehr Intimität, mehr Nähe zum Künstler geht fast nicht. Das ist Teil des Konzeptes und gleichzeitig Statement für eine andere Form des Kulturbetriebs.

Adresse haAliya Street 31, Tel Aviv-Neve Sha'anan, www.hanut31.co.il (nur Hebräisch),
E-Mail hanut.gallery@gmail.com | **ÖPNV** Bus 3, 19, 25, Haltestelle haAliya / Wolfson |
Tipp Am nördlichen Ende der Alija Street liegt der Kikar haMoschawot, wo einige
Hauptverkehrsadern der Stadt zusammenkommen. In den 1930er Jahren wurde ein Kreisverkehr mit Brunnen und Rasenfläche angelegt, der allerdings später wieder aufgehoben
wurde. Heute erinnert eine Litfaßsäule mit historischen Bildern an das einstige Straßen-
bild.

23 _ Der Charles-Clore-Park

Kühles Nass für Klein und Groß

Wasser ist in Israel eine Kostbarkeit. Wasser zum Spielen für Kinder, große und kleine, gibt es in Tel Aviv nur an sehr wenigen Stellen. Eine davon ist im Charles-Clore-Park, der die Strandpromenade nach dem Dolphinarium fortsetzt. Der 1,5 Kilometer lange Park wurde in den 1970er Jahren angelegt, buchstäblich auf den Überresten des einstigen zu Jaffa gehörenden arabischen Viertels Manshije. Der Park ist nur sehr spärlich mit Bäumen bepflanzt und dadurch sehr übersichtlich. Die ausgedehnten Rasenflächen nutzen sowohl jüdische wie auch arabische Bewohner der Stadt gerne zum Ausspannen und Picknicken. Im Süden ist das Etzel-Museum zu finden, auch die Statue von Ilana Gur, »Frau gegen den Wind«, neigt sich hier in die Meeresbrise. Der Strandabschnitt im Park, Alma Beach genannt, ist zwar ziemlich klein, dafür aber angenehm ruhig und familiär.

Schon immer gab es hier einen tollen Spielplatz und seit der letzten Renovierung gibt es auch Wasser zum Planschen, und das ist im Sommer die große Attraktion. Auf einer kreisrunden Fläche spritzt aus knapp zwei Dutzend Düsen Wasser in unterschiedlichen Intervallen aus dem Boden. Ein echter Spaß für große und kleine Kinder. Am Abend werden sie oft von Jugendlichen abgelöst, und nachts hat der Brunnen schon manch einem wieder auf die Sprünge geholfen, der zu tief in ein Glas mit etwas anderem als Wasser geschaut hat.

Am Freitagnachmittag treffen sich im Park die Trommler, die über 20 Jahre lang an der Wand des etwas nördlich gelegenen Dolphinariums zusammen gekommen sind. Mit dem Abriss des Gebäudes sind sie heimatlos geworden und in den Park umgezogen. Ganz unterschiedliche Menschen kommen hier jeden Freitag zusammen und läuten das Wochenende ein: Alt und Jung, alternativ und scheinbar ganz zugeknöpft. Es verbindet sie ihre Leidenschaft für das Trommeln, den Rhythmus und das Tanzen.

Adresse Charles-Clore-Park, Tel Aviv-Neve Zedek, der Wasserspielplatz ist auf Höhe der Tankstelle | ÖPNV Bus 10, 11, 18, 37, Haltestelle Prof. Kaufmann / Shenkar | Öffnungszeiten frei zugänglich | Tipp Das Mantaray, eines der besten Fischrestaurants der Stadt, direkt am Alma Beach gelegen, wo man die Füße in den Sand stecken kann, hat mittlerweile auch einen Kiosk eröffnet. Dort kann man einige kleine Gerichte bestellen und dazu den passenden Cocktail trinken.

24_ Chavshush

Der Gewürzhimmel liegt am Levinsky-Markt

Gute Gewürze gibt es am Markt zuhauf. Wer aber beste Qualität will und dazu noch eine reiche Auswahl, der sollte bei Chavshush vorbeischauen. Der Traditionsladen liegt in einer Seitenstraße und kann leicht übersehen werden, denn als einziger Hinweis hängt ein kleines, unscheinbares Schild über der grünen, an einen Container erinnernden Metalltür. Tritt man ein und bahnt sich einen Weg durch den schmalen Gang zwischen Kisten und Säcken, wird man sofort von den starken Gerüchen eingenommen: Kurkuma, Anis, Kardamom, Zimt, Muskat und mehr dominieren die Luft. Aber nicht nur der Geruchssinn ist gefragt, denn den Augen bietet sich intensive Farbenpracht. Zu bestaunen gibt es Dinge, die man vielleicht noch nie zuvor gesehen hat. Und selbst der erklärte Liebhaber von Hülsenfrüchten wird verblüfft sein über die Vielfalt alleine der Linsen- und Bohnensorten.

Die Familie Chavshush kam 1931 aus dem Jemen nach Palästina und eröffnete am Carmel-Markt ihren ersten Laden. Einige Jahre später zog sie nach Jaffa in die Nähe des Hafens um. Geschäft und Lager gingen 1947 in den Unruhen vor Israels Unabhängigkeit nach einem Brandanschlag in Flammen auf, und die Familie eröffnete den Laden an seinem heutigen Ort neu. Arieh Chavshush, der seit seinem 20. Lebensjahr mit dem Vater im Laden arbeitete, wurde 1947 im Nebenhaus geboren. Heute führt er das Geschäft mit seinen Söhnen weiter.

Chavshush beliefert Restaurants und andere Betriebe, kümmert sich aber vor allem auch um den »kleinen Kunden«. Freundlich, aber nicht aufdringlich, wie man es nur sehr selten am Markt findet, kann man sich beraten lassen, welcher Hummus in Frage kommt oder welche der hauseigenen Gewürzmischungen zu welchen Gerichten passt. Ausgezeichnet sind auch die Trockenfrüchte, von Feigen und Rosinen über Aprikosen bis zu den begehrten Madjoul-Datteln, die Nüsse aller Art und die verschiedenen Teesorten.

Adresse haChalutzim 18, Tel Aviv-Florentin | **ÖPNV** Bus 3, 19, 25, Haltestelle haAliya /
Matalon | **Öffnungszeiten** So – Fr 7.30 – 13 Uhr | **Tipp** An der Ecke haChalutzim und
Levinsky Street liegt die Boutique Naknik (Wurst-Boutique), ein Feinkostladen mit
exzellenten Wurstspezialitäten, wo man frisch angerichtete und dick belegte Sandwiches
kaufen kann.

25_Der Chen-Boulevard

Den Flughunden auf der Spur

Der Chen-Boulevard gehört zu den bescheideneren Alleen. Im Gegensatz zu seinem großen Bruder Rothschild, in dessen Verlängerung er liegt, gibt es hier keine spektakulären Bauhäuser und Szenecafés. Benannt nach einem Akronym aus den Vornamen des hebräischen Dichters Chaim Nachman Bialik, bedeutet Chen zugleich »Anmut«. Und das passt ganz gut zu der ruhigen Straße mit dem wunderschönen Baumbestand.

Die Chinesische Feige, die hier das Bild prägt, produziert Luftwurzeln, die sich um den Stamm schlingen und dadurch eine interessante Struktur bilden, was man beim Spazieren in der Mitte des Boulevards bewundern kann. Schon in den 1920er Jahren wurde diese Baumart in Tel Aviv angepflanzt. Sie wächst schön grün und schön hoch, was den Straßen ein stattliches Aussehen gibt. Nebenbei sind die Feigen gute Schattenspender. Tatsächlich ist es auf dem Chen-Boulevard immer angenehm, sogar im Hochsommer.

Einen großen Nachteil hat der Baum allerdings: Seine Früchte mischen gewissermaßen das Stadtleben mächtig auf. Drei- bis viermal im Jahr fallen sie wie große Murmeln auf den Boden und übersäen diesen komplett, sorgen für Unfälle und verstopfen Abwasserrohre. Gut 20.000 Bäume verdrecken die Stadt durch ihre Früchte. Das war so nicht geplant, denn als die Feige geholt wurde, hat etwas Entscheidendes gefehlt: eine nur Millimeter große Wespenart, die symbiotisch mit dem Baum lebend für dessen Befruchtung sorgt. In den 1970er Jahren schließlich kam diese Wespe auf irgendeine Weise nach Israel und fand ein wahrlich unberührtes Paradies vor. Darüber freuen sich allerdings große Gruppen von Fledermäusen, die in der Stadt leben. Eigentlich sind es Nilflughunde, die sich ausschließlich vegetarisch ernähren. Immer dann, wenn die Früchte der Chinesischen Feige wieder reif sind, kann man auf dem Chen-Boulevard mit beginnender Dunkelheit ein phantastisches Fledermaus-Spektakel beobachten.

Adresse Sderot Chen, Tel Aviv-Alter Norden, die schönsten Feigen stehen zwischen Netsach Israel und Frishman | **ÖPNV** Bus 18, 25, 38, 82, Haltestelle Kikar Rabin/Malkei Israel | **Tipp** Ganz am Anfang des Boulevards erinnert eine Gedenktafel daran, dass im Haus unter der Adresse Sderot Chen 1 am 13. Mai 1948 Vertreter der arabischen Bevölkerung Jaffas eine Übereinkunft unterzeichneten, in der sie die Stadt an die Hagana, die führende vorstaatliche Armee im Land, übergaben. Einen Tag später rief David Ben Gurion den Staat Israel aus.

26__Die Cymbalista Synagoge

Sehenswerter Sakralbau am Campus der Universität

Oberhalb des Geisteswissenschaftlichen Seminars, genau im Zentrum des Campus der Universität, findet sich eine architektonische Perle. Wie eine kleine Festung erhebt sich dort die Cymbalista Synagoge, die seit 1998 das Gelände schmückt. Unverkennbar trägt sie den Stil ihres Architekten, des aus dem Tessin stammenden Mario Botta. Der Bau lebt von seiner schlichten Beschränkung auf geometrische Formen. Der Schweizer Stifter Norbert Cymbalista beauftragte mit Botta ausgerechnet einen Architekten, der noch nie zuvor ein jüdisches Gotteshaus betreten hatte. Das Ergebnis wird heute zu den bedeutendsten zeitgenössischen Synagogenbauten weltweit gezählt.

Das Gebäude besteht aus zwei fast identischen quadratischen Räumen, die sich nach oben zu Zylindern öffnen, wovon der eine als Synagoge, der andere als Beit Midrasch (Lehrhaus) und Versammlungsraum dient. Auch ein kleiner Studienraum sowie eine permanente Ausstellung von Judaika sind in den Nebenräumen untergebracht. Die Aufteilung rechtfertigt die Verortung des Gotteshauses nicht nur auf dem Campus als Ort des Lernens, sondern auch in Tel Aviv als Ort der Vielfalt. Denn während die Synagoge nach orthodoxem Ritus betrieben wird, dient der andere Raum auch konservativen und Reform-Gottesdiensten. Dazu gibt es einen mobilen Toraschrein, der bei Bedarf geholt werden kann. Dreimal täglich finden Gottesdienste statt. Zahlreiche Veranstaltungsreihen zu einer großen Themenvielfalt, meist an der Schnittstelle von Religion und Säkularität sowie zu israelischer Geschichte und jüdischer Identität, stehen dem allgemeinen Publikum offen.

Mit dem warmen, trotz fehlender Fenster lichtdurchfluteten Gebäude setzte Mario Botta die Vision des Stifters um. Die Cymbalista Synagoge steht für die Vielfalt des Judentums und seine Einheit sowie für die Bedeutung von Geschichte und Tradition für die moderne jüdische Identität.

Adresse Campus Universität Tel Aviv, Eingang durch das Haupttor, von dort gerade nach oben bis zur Synagoge, http://en-heritage.tau.ac.il, E-Mail heritage@post.tau.ac.il | **ÖPNV** Bus 7, 25, Haltestelle haUniversita/Chaim Levanon | **Öffnungszeiten** variieren je nach Jahreszeit, bitte der Homepage entnehmen | **Tipp** Gegenüber der Synagoge befindet sich das Beit Hatfutsot (»Diaspora Haus«), das den jüdischen Gemeinden in der Diaspora gewidmet ist. Neben der etwas in die Jahre gekommenen Dauerausstellung, die 2018 erneuert werden soll, zeigt das Museum parallel immer mehrere Wechselausstellungen (www.bh.org.il).

27 Danzigers Serpentine

Leicht bröckelndes Meisterwerk im Yarkon-Park

Im östlichen Teil des-Yarkon Parks – hinter See, Abenteuerspielplatz und Steingarten – steht einsam auf weiter Flur ein weißer, leicht verwitterter Betonbau. Kein Hinweis gibt darüber Auskunft, dass es sich dabei um eine Landschaftsskulptur von einem der bedeutendsten israelischen Bildhauer handelt, der Generationen von Künstlern im Land beeinflusste: Die »Sepentine« ist eine Arbeit von Itzchak Danziger.

Danziger wurde 1916 in Berlin geboren und kam mit seinen Eltern 1923 nach Palästina. Seine künstlerische Ausbildung erhielt er in London. Sein erstes bedeutendes Werk war eine Skulptur der biblischen Figur »Nimrod« (1939), die große Kontroversen auslöste. Später wandte er sich vermehrt Arbeiten zu, die die Wechselbeziehung zwischen Mensch und Natur thematisieren. Er studierte dazu auch Landschaftsarchitektur. Danziger kam 1977 bei einem Autounfall ums Leben. Zwei Jahre zuvor hatte er die Skulptur »Serpentine« erschaffen, eine Auftragsarbeit der Stadt Tel Aviv für den 1973 eröffneten Park. Wie gefaltet erhebt sich das Werk bis zu 3,70 Meter über die Wiese und spiegelt in seinen Windungen die umgebende Parklandschaft wider. Damals waren die Hügel des Parks noch die einzige Erhebung in Sichtweite, heute werden sie von Hochhäusern überragt, und auch die Rutschen des nahen Wasserparks sind sichtbar. Die unterschiedlich hohen Mauern der Skulptur ermöglichen ein Spiel mit Licht und Schatten, welches sich mit dem Sonnenstand ständig ändert. Der weiße Beton ist in seinem scharfen Kontrast auf der grünen Wiese auch aus der Entfernung zu sehen.

Schade, dass die Skulptur heute etwas heruntergekommen ist. An verschiedenen Stellen wurde sie beschmiert und nur ungenügend übermalt, der Beton bröckelt und hat Risse, in den Schlingen liegt oft Müll und Unrat. Dennoch ist die »Serpentine« ein Ort, der zum Verweilen, Spielen und Verstecken einlädt.

Adresse Tel Aviv-Yarkon-Park, östliches Ende, zwischen Parkplatz und Meimadion | **ÖPNV** Bus 12, 22, 40, 89, Haltestelle Ganei Yehoshua / Sderot Rokach | **Öffnungszeiten** frei zugänglich | **Tipp** In diesem Parkteil gibt es speziell angelegte Gärten (wie den Tropischen Garten, den Felsen- und dem Kaktus-Garten), die einen Besuch wert sind (So–Do 9–13.45 Uhr, Fr 9–12.45 Uhr, Sa 10–15.30 Uhr).

28___Der Dizengoff-Platz

Wieder auf dem Boden der Tatsachen

Der Dizengoff-Platz war bereits im sogenannten Geddes-Plan, dem ersten Bebauungsplan der Stadt, der Ende der 1920er Jahre durch den schottischen Stadtplaner Sir Patrick Geddes ausgearbeitet wurde, als einziger großer Kreisverkehr mit Freifläche angelegt. Benannt wurde er nach Zina Dizengoff, der Ehefrau von Tel Avivs erstem Bürgermeister Meir Dizengoff. Sie starb 1930 im Alter von 58 Jahren. Die Gestaltung des Platzes stammt von der Architektin Genia Awerbuch, die mit ihrem Vorschlag mit komplimentär gehaltenen gleichförmigen Häuserfronten im internationalen Stil 1934 die Ausschreibung für sich entscheiden konnte. Alle Häuser um den Platz wurden nach Awerbuchs Vorgaben erbaut.

1938 eingeweiht wurde der Platz schnell zu einem belebten Mittelpunkt der Stadt mit Cafés und Kinos in den umliegenden Häusern. In den 1960er und 70er Jahren wurde er zunehmend unpopulärer, vor allem aufgrund des Verkehrs. Der damalige Bürgermeister Shlomo Lahat setzte sich für eine Lösung ein, die 1978 eingeweiht wurde. Für Fußgänger war eine Ebene geschaffen worden, die über dem ursprünglichen Platz lag, sodass der Verkehr darunter ungestört fließen konnte. Der bisher in der Mitte liegende Brunnen wurde einige Jahre später durch ein kinetisches Werk ersetzt, »Wasser und Feuer« von Jaakow Agam, das heute zu den bekanntesten Attraktionen der Stadt zählt.

Die Kritik an dem Projekt war jedoch groß. Der neu geschaffene Platz hatte den ursprünglichen Charme des öffentlichen Raums verloren. Im Zuge der Hundertjahrfeier der Stadt kam die Idee auf, den Dizengoff-Platz in seiner ursprünglichen Form wieder herzustellen. Im Dezember 2016 begannen die Bauarbeiten zum Abriss der Fußgänger-Ebene. Der Brunnen von Jaakow Agam wird auch am neugestalteten Dizengoff-Platz bleiben, ein Umstand, der bei vielen Bürgern die Begeisterung über die Wiederherstellung ein wenig trübt.

Adresse Dizengoff-Platz, Tel Aviv-Alter Norden | **ÖPNV** Bus 5, 39, 61, 66, 72, Haltestelle Kikar Dizengoff | **Tipp** Der beliebte Antiquitäten- und Secondhandmarkt, der früher am Dizengoff-Platz jeden Dienstag zwischen 11 und 22 Uhr und jeden Freitag zwischen 7 und 16 Uhr stattfand, ist in die Givon Street, nahe der Cinematheque, umgezogen.

29___Das Eden Kino

Wo einst Shirley Temple tanzte

Bei einem Besuch in Ägypten sah Meir Dizengoff, Tel Avivs erster Bürgermeister, etwas, das er auch für seine junge Stadt haben wollte. Etwas, das zu einer richtigen Stadt unbedingt dazugehört: ein Kino. Zwei Betreiber waren schnell gefunden, Moshe Abarbanel und Mordechai Weisser, die sich nach Zusage eines 15-jährigen Exklusivrechts bereit zeigten, entsprechend zu investieren. 1913 kauften sie ein Grundstück in der Lilienblum Straße, ließen ein zeitgemäßes Gebäude von einem deutschen Architekten entwerfen, den Projektor kauften sie in Alexandria, Stühle wurden in Wien bestellt. Am 22. August 1914 war es so weit, das Eden wurde feierlich eröffnet und zeigte als ersten Film den Kassenschlager »Die letzten Tage von Pompeji«.

Anfängliche Bedenken in der Nachbarschaft, etwa wegen des Benzins, den der Generator zum Betrieb des Projektors benötigte, aber auch Sorge über einen etwaigen Moralverlust durch die Vergnügungsstätte, wurden schnell zerstreut. Das Eden wurde ein Erfolg. Zunächst wurden Stummfilme gezeigt, untermalt von einem Orchester. Der Saal wurde in den ersten Jahren auch als Theater- und Konzertsaal genutzt. Nach dem Ersten Weltkrieg fanden dann täglich Filmvorführungen statt. Zusätzlich wurde im Hof das »Sommer Eden« eingerichtet.

Neben Filmen mit Stars wie Shirley Temple und Charlie Chaplin zeigte das Eden jüdische Produktionen, wie etwa den »Dybbuk«. Vorführungen fanden auch in Jiddisch und Russisch statt, geworben wurde dreisprachig, hebräisch, arabisch und deutsch. Nach 1948, als sich viele Juden aus arabischen Herkunftsländern im Süden der Stadt ansiedelten, änderte das Eden sein Programm entsprechend und zeigte türkische, persische und indische Filme. Die Glanzzeit des Eden war damals schon längst vorbei, und 1974 schloss das Kino. Nachdem es Jahrzehnte leer stand, soll das Gebäude jetzt zu einem luxuriösen Boutique-Hotel umgebaut werden.

Adresse Lilienblum Street 2, Tel Aviv-Stadtmitte | **ÖPNV** Bus 40, 41, Haltestelle Derech Jaffo/Herzl, kurzer Fußweg durch die Pines Street | **Tipp** In der Lilienblum Street 5 ist die Kol Yehuda Synagoge ansässig, die 1938 von Architekt Yehuda Magidovich für die jüdische Gemeinde aus Aden im Jemen erbaut wurde. Heute befindet sich dort auch das Aden Heritage Center mit einer Ausstellung zu Leben und Kultur der jeminitischen Juden in Aden und Tel Aviv. Der Eintritt ist kostenlos.

30__Die ehemalige Haltestelle

Auf den organischen Zug aufspringen

Seit 2010 ist die ehemalige Eisenbahnstation von Jaffa zur Flanier-
meile umgebaut. Jahrzehntelang stand sie verlassen und, obwohl sie
doch am Weg zwischen Neve Zedek und Jaffa gut auffindbar liegt,
auch vergessen da.

Die Eisenbahnstrecke nach Jerusalem wurde 1892 in Betrieb genommen. Auch Theodor Herzl nutzte die Bahn während seiner Pa-
lästinareise im Oktober 1898: »Es war eine Marter in dem engen
dicht besetzten glühenden Coupé«, hielt er in seinem Tagebuch fest.
Dennoch war die vierstündige Strecke nach Jerusalem von Reisenden stark frequentiert, ersetzte sie doch eine äußerst beschwerliche
Tagesreise mit der Kutsche. Die Nähe zum Bahnhof nutzte die der
Templergemeinschaft zugehörige Familie Wieland und ließ sich sowohl mit einer Fabrik für Beton und andere Baumaterialien wie auch
mit dem Privathaus neben dem Bahnhof nieder. Ein anderes rotes
Haus, das heute noch erhalten ist, gehörte zur arabischen Nachbarschaft Manshije. Alle diese unterschiedlichen Gebäude mit ihrem
eigenen Stil sind heute sehr schön saniert. Dem Zugverkehr, der
1948 im Unabhängigkeitskrieg eingestellt wurde und später zu einer neuen Endhaltestelle wieder aufgenommen wurde, kann der Besucher in zwei historischen Waggons mit kleiner Multimediashow
nachspüren. Ansonsten haben sich in der Tachana (»Haltestelle«)
vor allem teure Designershops und Restaurants angesiedelt, und ein
wenig Kunst gibt es auch zu sehen. Wirklich schön ist es am Freitag, dann wird die Schickimicki-Atmosphäre durch den wöchentlich
stattfindenden organischen Markt ein wenig ausgeglichen. Gemüse
und Obst aus organischem Anbau, Öl, Brot, Gewürze, Säfte, Hal-
va, Hülsenfrüchte, Oliven werden angeboten, dazu Massagen und
Yoga-Schnupperkurse, und es gibt zahlreiche Imbissstände. »Gesund« ist das Motto, und das passt dann eigentlich wieder ganz gut
zum Schickimicki-Flair, denn gesund und organisch ist in Tel Aviv
definitiv hip.

Adresse haTahana, Professor Yehezkel Kaufmann Street, an der Kreuzung mit haMered Street, Tel Aviv-Neve Zedek haTahana | **ÖPNV** Bus 11, 18, 37, Haltestelle Professor Kaufmann / Goldmann, Bus 10, Haltestelle haEtzel / Goldmann | **Öffnungszeiten** Markt jeden Fr 9 – 15 Uhr | **Tipp** Neben der Tachana befindet sich das Armeemuseum, wo man einen Blick auf die Geschichte des Landes aus einem ganz ungewohnten Blickwinkel werfen kann. An knapp 20 Stationen wird die Entwicklung der israelischen Armee Zahal (Zwa Hagana leIsrael, Armee zur Verteidigung Israels) gezeigt. Im Außenbereich sind Fahrzeuge aller Art ausgestellt, von Panzern über Raketenwerfer zu Brückenfahrzeugen aus allen Jahrzehnten.

31 Das Engel-Haus

Das erste Haus auf Stützpfeilern

Zwischen all den prächtigen, renovierten architektonischen Perlen am Rothschild-Boulevard gab es jahrzehntelange ein hässliches Entlein, hinter dessen verfallener Fassade sich aber ein einstiges baugeschichtliches Novum Tel Avivs verbirgt: das Engel-Haus (Beit Engel), Hausnummer 84, erhielt als erstes Gebäude der Stadt sogenannte Pilotis, eine offene Konstruktion aus Stützpfeilern im Erdgeschoss. Gebaut wurde das Haus 1933 nach dem Plan des Architekten Seev Rechter, dessen Stil maßgeblich von dem großen französischen Architekten Le Corbusier beeinflusst wurde.

Konkretes Vorbild für Beit Engel war Le Corbusiers Villa Savoye in Poissy-sur-Seine mit ihren Pilotis. Von der neuen, hochmodernen Konstruktion abgesehen ist das Haus, das Rechter für den Geschäftsmann Yaakov Engel plante, ein klassisches Bauhaus mit klaren Kanten und Balkonen. Der Architekt selbst betrieb in Tel Aviv sein Büro bis in die 1950er Jahre.

Um die Pläne hatte sich Rechter länger mit der Stadtverwaltung streiten müssen, denn die Stützpfeiler stießen zunächst auf wenig Gegenliebe – erstaunlich, wenn man bedenkt, dass sie heute zum gängigen Stadtbild gehören. Diese Bauweise wurde zum typischen Stil bis weit in die 1980er Jahre hinein. Bedauerlicherweise ist man dabei nicht der ursprünglichen Idee treu geblieben. Die sah nämlich eine Grünfläche unter dem jeweiligen Gebäude vor, sodass der öffentliche Raum fortgesetzt und bessere Luftzirkulation ermöglicht wird. Stattdessen findet man heute, wenn überhaupt, nur sehr sparsame Gärtchen in dem durch die Pfeiler geschaffenen Raum. Meistens aber wird dieser als Parkplatz genutzt, was im von Autos überquellenden Tel Aviv naheliegt.

Das Engel-Haus harrte lange einer Renovierung und die Stützpfeiler wurden von einer zusätzlichen Mauer verdeckt. Nach langjährigen Restaurierungsarbeiten erstrahlt es nun bald wieder in altem Glanz und macht der »Weißen Stadt« alle Ehre.

Adresse Beit Engel, Sderot Boulevard 84, Tel Aviv-Stadtmitte | **ÖPNV** Bus 5, Haltestelle Rothschild / Maze, Bus 70, 142, Haltestelle Rothschild / Balfour | **Tipp** Das »R« Straßencafé in der Mitte des Boulevards, direkt an der Ecke von Beit Engel, hat sehr leckere Sandwiches und viele Tische, an denen man die Rothschild genießen kann.

32 Das Etgarim-Zentrum

Architektur-Schmuckstück für den guten Zweck

Es ist ein echter Hingucker: drei weiße Flachbauten, asymmetrisch, einander zugeneigt, von einem Sonnensegel überspannt. Im September 2013 wurde das neue Zentrum des Non-profit-Vereins Etgarim an der Raoul Wallenberg Straße im Stadtteil Ramat haChajal im östlichen Teil des Yarkon-Parks eingeweiht. Etgarim (»Herausforderungen«) arbeitet mit behinderten Menschen, die durch Sportaktivitäten verschiedener Richtungen körperliche und seelische Unterstützung erfahren. 1995 von einer Gruppe Behinderter, unter ihnen viele Kriegsverletzte, und Experten aus dem Bereich der Reha gegründet, werden mittlerweile im ganzen Land etwa 5.000 Kinder und Jugendliche und 1.000 Erwachsene in verschiedenen Projekten betreut.

Der Verein möchte weg von der Beschreibung Behinderter als »Menschen mit besonderen Bedürfnissen« und sie lieber als »besondere Menschen« fördern und ihnen helfen, Herausforderungen zu meistern. Der Extremsport ist dabei das Mittel zum Zweck: Mit Hilfe von Etgarim nehmen Blinde am Triathlon teil, und Beinamputierte fahren Radrennen. Das neue Zentrum im Park Beit Shneur ist Ausgangspunkt für Radtouren im Yarkon-Park, die als Tandemtouren organisiert sind. So können beispielsweise blinde Kinder mit einem Freiwilligen gemeinsam den Park durchradeln.

Benannt ist das Zentrum nach Shneur Chasin, der im Alter von 43 Jahren während seines Fahrradtrainings bei einem Unfall mit Fahrerflucht getötet wurde. Die Familie spendete für den Bau des Zentrums, das vom Architektenbüro Yoav Messer geplant wurde. Die drei Gebäude werden als Büro, als Veranstaltungsraum und zur Aufbewahrung für die Fahrräder genutzt. Das offene Konzept des Baus zeigt sich nicht nur in den komplett durchsichtigen Fassaden, die beidseitig von Glasfronten gesäumt werden und nur mit silbernen Sonnenjalousien eingefasst sind; es gibt auch keine Begrenzung zum Park, keinen Zaun, keine Hindernisse für die Begegnung.

Adresse Raoul Wallenberg Street, nahe Kreuzung Mishmar haYarden Street, Tel Aviv-Yarkon-Park/Ramat haChajal | **ÖPNV** Bus 12, 52, 189, Raoul Wallenberg/Mishmar haYarden | **Tipp** An der Kreuzung Raoul Wallenberg/haBarsel erinnert eine Skulptur des ungarischen Bildhauers Imre Varga an den Namensgeber der Straße, Raoul Wallenberg. Der schwedische Diplomat rettete Zehntausende ungarische Juden vor der Deportation nach Auschwitz.

33__Das Fenster auf den Boulevard

Kunst zum Draufsitzen

Am Rothschild-Boulevard, an der Kreuzung mit der kleinen Shadal Straße, steht im Fußgängerbereich auf einem pyramidenförmigen Podest ein grüner Stuhl. »Fenster auf den Boulevard« heißt diese Skulptur des 2009 verstorbenen israelischen Künstlers Buky Schwartz. Den zweiten dazugehörigen Teil des Werkes wird man entdecken, wenn man auf dem Stuhl Platz nimmt. Dann nämlich fällt der Blick auf die andere Straßenseite, wo ein gelbes Stahlgebilde steht, das sich bei genauerem Hinsehen in ein Fenster mit blauen Vorhängen verwandelt.

Schwartz, 1932 in Jerusalem geboren, studierte bei Itzchak Danziger (s. Seite 62) am Avni Institut für Kunst und Design in Tel Aviv sowie in London. Neben seinen Stahlskulpturen, die an vielen Orten in Israel im öffentlichen Raum zu finden sind, wurde er für seine Videoarbeiten international bekannt. Die Skulptur am Rothschild-Boulevard ist ein beliebtes Fotomotiv. Vor allem am Wochenende muss man manchmal anstehen, um sich auf den Stuhl zu setzen. Hat man ihn einmal für sich, eignet er sich wunderbar, um Blick und Gedanken schweifen zu lassen. Als erster Boulevard der Stadt im Sand gebaut, stehen hier einige der schönsten Bauten Tel Avivs. Wie etwa das große Haus auf der anderen Straßenseite: 1924 im eklektischen Stil errichtet, diente es nach der Staatsgründung Israels als Botschaftsgebäude der Sowjetunion. Im Februar 1953 warfen jüdische Extremisten eine Bombe auf das Haus, um gegen die Verfolgung von Juden in der UdSSR zu protestieren. Die UdSSR brach daraufhin die diplomatischen Beziehungen zu Israel ab.

Natürlich kann der Blick vom grünen Stuhl aus auch auf das gegenüberliegende Max Brenner fallen. Dann stehen leider einige Kalorien an, denn bei Max Brenner gibt es die beste Schokolade in Israel.

34__Der Gan haChaschmal

Wie schmeckt Käse aus Cashewnüssen?

Eines der neueren Szeneviertel der Stadt ist nur ein paar Schritte abseits der Allenby Straße zu finden, in den Seitenstraßen rund um die kleine als Gan haChashmal bekannte Grünfläche. In der Chaschmal (»Strom«) Straße 16 wurde 1923 das erste Elektrizitätswerk der Stadt in Betrieb genommen, das den Strom über einen aus Deutschland importierten Dieselmotor erzeugte.

Der kleine Park war bei den Einwohnern des Viertels sehr beliebt, sowohl tagsüber zur Erholung wie auch nachts – dann war er wegen seines dichten Baumbestands als Ginat haNeshikot (»Garten der Küsse«) bekannt. Mit der Romantik war es jedoch bald vorbei, mit den Jahren kam das Viertel sehr herunter, und der Gan haHashmal wurde zum Synonym für den Strich männlicher, minderjähriger Prostituierter.

2003 entschloss sich die Stadt zur Renovierung der Grünanlage, und das brachte den Aufschwung für das ganze Viertel. Mit der Zeit siedelten sich hier, wo die Mieten günstiger waren, immer mehr junge Designer an. Ausgefallene Mode, Schuhe und Schmuck haben hier eine Heimat neben einer Vielzahl neuer Cafés und Bars. Vor allem an der Ecke Levontin / Barzilai reiht sich ein Café ans andere, mit kleinen, aber ausgefeilten Speisekarten, vom Gourmet-Hamburger bis zu Kuchenkreationen wird hier viel geboten.

Zu den Ersten, die sich ins Viertel wagten, gehörten drei Musiker, die 2006 unter gleichnamiger Adresse das Levontin 7 eröffneten. Mit täglicher Livemusik ist es längst zur Institution für alle alternativen Musiker geworden. Von der Bühne im Untergeschoss getrennt, beherbergt das Erdgeschoss eine sehr gut besuchte Bar. Dort kann man auch vom haChatul haYarok nebenan eine der besten Pizzen der Stadt bestellen. Dünn, knusprig und herrlich vegan belegt, mit Artischocken, Pilzen und Süßkartoffeln. Der Käse ist aus Cashewnüssen hergestellt und damit eine Innovation für den veganen Markt.

Adresse Levontin/Barzilai/haHashmal Street, Tel Aviv-Stadtmitte | **ÖPNV** Bus 5, 25, 70, 142, Haltestelle Allenby/Yehuda haLevy, Bus 3, 19, 72, Haltestelle Allenby/Derech Begin | **Tipp** Das Kuli Alma, ein wenig abseits in der Mikveh Israel Street 10, bietet eine gelungene Mischung aus Nightlife mit täglich wechselnden DJs, guten Cocktails und Kunstpräsentationen von Street-Art bis zu Videoarbeiten. Die Bar gehört einer Kooperative Tel Aviver DJs und Künstler (http://kulialma.com).

35 Der Gedenkstein

Für die Opfer der Luftangriffe im Zweiten Weltkrieg

Ein Jahr nach Beginn des Zweiten Weltkriegs, am Nachmittag des 9. September 1940, bombardierten italienische Kampfflugzeuge Tel Aviv. 137 Menschen kamen dabei ums Leben, über 80 wurden verletzt. Die Stadt und der Jischuw, die jüdische Gemeinschaft in Palästina, waren auf diesen Angriff eines den Achsenmächten zugehörigen Staates – der zunächst den Briten und ihrer Präsenz im Nahen Osten galt – nicht vorbereitet. Dabei hatte die italienische Luftwaffe zuvor bereits mehrfach das durch seinen Hafen strategisch bedeutendere Haifa angegriffen. Mit der Bombardierung von Tel Aviv hatte jedoch niemand gerechnet.

Die größten Schäden gab es in der Bograshov und in der Trumpeldor Straße, wo damals noch zahlreiche Holz- und Blechhütten gestanden hatten, die nun aber völlig zerstört wurden beziehungsweise abbrannten. Unter den Toten befanden sich auch Araber, zwei Erwachsene und fünf Kinder aus Sumeil (s. Seite 194) sowie ein unbekannter australischer Soldat. Das Entsetzen über diesen Angriff war groß, da er ganz gezielt unschuldigen Zivilisten gegolten hatte. Einige Tage später bombardierte die britische Luftwaffe die Luftwaffenstützpunkte auf den von Italien besetzten Inseln Rhodos und Leros, von wo aus die Kampfflugzeuge nach Tel Aviv gestartet waren. Im Juni 1941 griff die italienische Luftwaffe ein weiteres Mal an. Diesmal starben 13 Menschen, als das Beit haInvalidim, ein Heim für Behinderte, in der Marmorek Straße getroffen wurde.

Die Stadt Tel Aviv setzte den Opfern der italienischen Bombardierungen 1995 einen Gedenkstein, der alle Namen aufführt. Trotzdem sind diese Ereignisse heute weitgehend in Vergessenheit geraten – zu viel ist wohl seitdem im kurz darauf gegründeten Staat Israel passiert, das diese Erinnerung überlagert. Der Stein ist am Mikhoels Platz an der Kreuzung King George und Ben Zion auf einer kleinen Rasenfläche mit Bänken zu finden.

Adresse Mikhoels Platz, Tel Aviv-Alter Norden | **ÖPNV** Bus 18, 25, 61, 72, Haltestelle haMelech George / Beit Jabotinsky, Bus 39, 63, Haltestelle Sderot Ben Zion / haMelech George | **Tipp** Gleich neben dem Gedenkstein liegt das Osen schlischit (Drittes Ohr), Tel Avivs beste Videothek, die auch DVDs und Musik-CDs verkauft. Im gleichen Haus wird mittlerweile die Osen Bar betrieben, in der es jeden Abend Konzerte gibt.

36__Der Gemeinschaftsgarten
Grüne Oase in Florentin

Das Viertel Florentin im Süden der Stadt hat den Gentrifizierungs-prozess schon hinter sich. Zwischen kleinen, teils halb verfallenen und mit Graffiti übersäten Gebäuden, die noch immer Handwerks-betriebe, Autowaschanlagen und Einzelhandelsläden beheimaten, erheben sich mehrstöckige stylische Neubauten, die sich unharmo-nisch von ihrer Umgebung absetzen. Dennoch hat sich Florentin viel von seinem ursprünglichen Charakter erhalten können, den man besonders spürt, wenn man in den kleinen Seitenstraßen spaziert. In einer davon, der HaRabi MiBachrach Street, kann man eine kleine Oase inmitten von Beton und parkenden Autos finden, den Gemein-schaftsgarten von Florentin.

Gemeinsam haben die Nachbarn hier mit dem Anbau von Gemü-se, Früchten und Gewürzen ein kleines grünes Wunder geschaffen, das den Traum einer nachhaltigen Lebensweise in der Stadt verwirk-licht. Hier wachsen Bohnen und Mango, Salat und Rosmarin, kreuz und quer, von Graffitis umrundet. Insgesamt gibt es heute knapp 40 solcher Gemeinschaftsgärten über die ganze Stadt verteilt und es werden mehr. Die Stadt unterstützt die Initiativen der Anwohner aktiv und hilft bei der Suche nach geeigneten Freistellen. Die Gär-ten werden nach Grundsätzen ökologischen Anbaus bepflanzt, also ohne chemische Insektenvernichtung und mit Dünger vom eigenen Kompost. Die Gärten sollen bewusst auch das Gemeinschaftsgefühl stärken und die Anwohner an ihr Viertel binden, einen Gegenpol zur Anonymität der Großstadt schaffen.

Der Gemeinschaftsgarten in Florentin, 2005 gegründet, war der erste, was nicht von ungefähr kommt. Das Viertel ist seit längerem Anziehungspunkt für junge, alternativ ausgerichtete Kreative und Künstler. In den Gemeinschaftsgarten kommen die Nachbarn jeden Shabbat Nachmittag, graben, sähen, jäten und essen zusammen. Die übrige Woche ist er frei zugänglich, ernten sollte allerdings nur, wer sich auch an der Arbeit beteiligt.

Adresse HaRabi MiBachrach Street 12, Tel Aviv – Florentin | **ÖPNV** Bus 40, 41, 240,
Haltestelle Eilat / Elifelet, in der Gegenrichtung Haltestelle Avni Institute / Eilat | **Tipp**
Gleich daneben ist ein kleiner Laden, der sich zu recht ganz unbescheiden »Matkot
Zentrum« nennt. Hier findet man Matkot für das beliebte Strandspiel mit Holzschlägern
und Gummibällen, nicht nur in allen Farben und Größen, sondern auch die besten. Der
Inhaber kann zwar kein Englisch, aber man versteht sich, Tipps für Anfänger inklusive.

37__Der Gordon Pool

Das sauberste Meerwasser der Stadt

Schwimmbäder sind in Tel Aviv rar. Nicht nur weil Wasser eine relativ teure Kostbarkeit im Nahen Osten ist, sondern vor allem weil die Stadt ausreichend Strand und damit Badespaß bietet. Trotzdem zieht es viele ins Schwimmbad, sei es aus sportlichen Gründen oder weil sie dem Strandleben nichts abgewinnen können. Für all diejenigen eignet sich der Gordon Pool – das Traditionsschwimmbad nur ein paar Schritte nördlich am gleichnamigen Strand gelegen.

1956 von dem aus Berlin stammenden Architekten Werner Joseph Wittkower erbaut, der außer dem Masterplan für den Campus der Universität Tel Aviv einige Hotels entlang der Küste realisierte, war der Gordon Pool vor allem im Sommer ein beliebter Treffpunkt. Das Beckenwasser – und dies ist das Besondere am Gordon Pool – ist salzhaltiges Meerwasser, welches durch drei Pumpen aus 150 Metern Tiefe gefördert und auf 24 Grad erhitzt wird. Im Sommer ist das eine angenehme Abkühlung, im Winter dagegen nur für die wirklich sportlichen Schwimmer geeignet. Früher war der Pool 364 Tage im Jahr geöffnet, nur an Jom Kippur nicht. Die Stamm-Schwimmer, vor allem ältere Leute, standen oft schon vor Sonnenaufgang an der Tür, um die ersten Bahnen im 50-Meter-Becken zu ziehen.

Doch das waren die Glanzzeiten. Das Schwimmbad kam in die Jahre, und am Ende hatte es nur noch während der Sommermonate geöffnet. Der Besitzer, ein in den USA lebender Privatmann, hielt jedoch daran fest. Nach seinem Tod schloss der Sohn ein Abkommen mit der Stadt, die das Bad ganz hatte schließen wollen. Anhaltender Protest der Stammkunden führte schließlich zu einem Umdenken, und nach dreijähriger Umbauphase wurde 2009 der renovierte Pool wiedereröffnet.

Noch immer wird das Becken täglich geleert und neu vollgepumpt. Und vor allem im Sommer stehen jetzt wieder die Leute Schlange, um das saubere kühle Nass ohne Sand und Quallen zu genießen.

Adresse Eliezer Peri Street 14, Tel Aviv-Yafo | **ÖPNV** Bus 4, 10, 13, Haltestelle Ben Yehuda / Arlosoroff | **Öffnungszeiten** So 13.30 – 21 Uhr, Mo – Do 6 – 21 Uhr, Fr 6 – 19 Uhr, Sa 7 – 18 Uhr | **Tipp** Das Café Landwer, direkt am Eingang zum Pool, ist eine der schönsten Filialen dieser Kette. Am Wasser mit Blick auf die Marina kann man auf gemütlichen Sofas den Tag vorüberstreichen lassen.

38_Das grüne Haus

Vergangene Pracht in Jaffa

In der Yefet Straße, der Hauptverkehrsstraße in Jaffa, die sich, immer wieder von Geschäften gesäumt, drei Kilometer lang bis zur Stadtgrenze durch das Ajami-Viertel zieht, findet man ein architektonisches Beispiel der einstigen Prachtzeit des arabischen Jaffa. Es ist als »grünes Haus« bekannt, benannt nach der Außenfassade, die bis heute grün ist, mit leichtem Türkis-Stich. Das imposante Gebäude steht an der Kreuzung von Yefet mit Shivtej Israel auf einer Anhöhe und war früher von weit her sichtbar. Heute ist es eng umbaut, man muss sich strecken und recken und kann trotzdem nur die oberen Stockwerke sehen.

Das Haus wurde 1934 für die Familie von Scheich Ali erbaut, Plantageninhaber und Tuchhändler aus Jaffa, dessen Vater einige Zeit Bürgermeister der Stadt war. Es ist ein besonders schönes Beispiel für die beliebte Bauweise reicher arabischer Familien. Der eklektische Stil verbindet traditionelle islamische Elemente mit Art déco. Die überbauten Balkone werden durch Säulen gestützt, symmetrisch angelegte Fenster zieren die verschiedenen Flügel des Hauses, und die Verzierung der Mauer korrespondiert mit dem Geländer des obersten Stockwerkes. Geht man durch Ajami, wo die meisten Straßen viel kleiner und enger sind als Yefet, kann man noch weitere, ähnliche Bauwerke sehen. Nach 1948 wurde Ajami zunehmend zum Problemviertel, was im gleichnamigen Oscar-nominierten Film aus dem Jahr 2009 thematisiert wird. In den letzten Jahren hat durch einige luxuriöse Immobilienprojekte ein Gentrifizierungsprozess begonnen.

Das grüne Haus wurde nach dem Unabhängigkeitskrieg von der Armee genutzt, zuerst vom Nachrichtendienst, dann als Militärgericht, das sich noch immer dort befindet.

Heute ist es leider etwas verfallen, der Putz blättert, die Fensterläden sind nicht mehr schön, aber die einstige Pracht lässt sich noch erahnen.

Adresse Yefet Street 91, Tel Aviv-Jaffa / Ajami | **ÖPNV** Bus 10, 41, Haltestelle Yefet / Mendès-France | **Tipp** Ein Stück die Straße hoch, in der Yefet Street 138, ist eine der legendären Eisdielen der Stadt, »Glida Andrej«, deretwegen die Leute früher von weit her kamen. Heute gibt es zweifellos sehr viele gute Alternativen, aber bei Andrej schwingen noch immer ein bisschen Nostalgie und der Charme von Jaffa mit.

39__Das grüne Ramat Aviv

Als der Premier noch ganz bescheiden lebte

Das »grüne Ramat Aviv«, wie der in den 1950er Jahren zuerst erbaute Teil des nördlichsten Stadtviertels genannt wird, ist bis heute bescheiden geblieben. Noch immer sind es fast ausschließlich ein- und zweistöckige Häuser, die die Straßen Chaim Levanon, Brodetzki und Reading säumen. Die Grünflächen, von denen jedes der Häuser umgeben ist, sind durch kleine Wege miteinander verbunden. Das Viertel wurde so geplant, dass man auf diesen Pfaden bequem zu öffentlichen Gebäuden, wie etwa den Schulen vor Ort, gelangen kann, ohne dabei Straßen zu überqueren. Ein Abstecher in die kleinen Wege lohnt sich.

Die meisten Häuser wurden bis heute nicht umfassend renoviert, erst seit den letzten Jahren wird das nachgeholt, und die Bewohner können eine kleine Erweiterung beantragen. In den grünen Freiräumen, die sich wie Finger von der Straße abspreizen, bleibt noch immer genug Platz.

Am Ende der Reading Straße hat die Stadt einen kleinen Garten eingerichtet, den Golda-Garten, zu Ehren der ehemaligen Premierministerin Golda Meir. Sie wohnte daneben in einer kleinen Parallelstraße, der Baron Hirsch Straße, in einem der typischen Häuser: einstöckig, einfach, bescheiden. Dass hier einmal ein Premier wohnte, ist schwer zu glauben angesichts der Skandale in den letzten Jahren bezüglich der Unsummen, die jetzige Politiker verschwenden. Ein kleines Holzhäuschen am Grundstück ist noch zu sehen, dort saß einst ein Wachmann und hatte ein Auge auf die First Lady. Auch die überdimensionierte Antenne auf dem Dach gibt Hinweis darauf, dass hier einst jemand wohnte, der wichtige Gespräche führte. Golda Meir zog hier 1959 ein, als sie bereits Außenministerin war. Im März 1969 wurde sie nach dem plötzlichen Tod von Levi Eshkol zu dessen Nachfolgerin gewählt. Sie blieb fünf Jahre lang Premierministerin. Im Dezember 1978 starb Golda Meir an Krebs.

Adresse haBaron Hirsch Street 8, Tel Aviv-Ramat Aviv | **ÖPNV** Bus 6, 24, 25, 45, Haltestelle Reading/Brodetzky, Gegenrichtung: Reading/Ascher Barash | **Tipp** Hurschat Reading, das kleine Wäldchen auf halber Höhe der Reading Street, wo sich auch die Alliance-Schule befindet, ist ein herrlich grünes Refugium. Die Bäume bieten auch im Hochsommer angenehmen Schatten. Ein großer Spielplatz für alle Altersgruppen, Fitnessgeräte und ein Hunde-Spielplatz können genutzt werden.

40__ Das Habash

Äthiopisch speisen in Süd-Tel Aviv

Es ist ein bisschen, als würde man ein anderes Land betreten, wenn man durch die Tür des Restaurants Habash geht und von ungewohnten Gerüchen umfangen wird. Einer Hütte in einem äthiopischen Dorf nachempfunden und entsprechend dekoriert, gibt es im Habash authentisches äthiopisches Essen, das obendrein noch koscher ist.

Die Einwanderung der äthiopischen Juden, der Beta Israel, erfolgte hauptsächlich über zwei dramatische Operationen, als 1984 und 1991 Zehntausende über Luftbrücken nach Israel gebracht wurden. Die Eingliederung in die Gesellschaft stellte Israel vor große Herausforderungen. Inwieweit dies glückte, lässt sich diskutieren. Diskriminierungen gegenüber dunkelhäutigen Juden sind in jedem Fall an der Tagesordnung. So ist Habash auch mit der Intention angetreten, äthiopische Einwanderer und alteingesessene Israelis einander über die Essenskultur näherzubringen.

Hauptbestandteil der äthiopischen Küche ist das Injera, ein luftiges, säuerliches Fladenbrot, das im Habash aus eigens importiertem Teffmehl hergestellt wird. Das Injera dient als Teller wie auch als Besteck. Die Speisen werden auf einer großen Platte direkt auf das Injera gekippt und mittels kleiner Stücke, die man vom Brot abreißt, gegessen. Die Platte steht in der Mitte des Tisches, und alle essen gemeinsam davon. Es gehört außerdem zur Tradition, dass man sich gegenseitig das Essen zum Mund reicht. Die verschiedenen Gerichte, Wot genannt, basieren entweder auf Hülsenfrüchten, vor allem Linsen und Kichererbsen, oder Fleisch, in erster Linie Huhn und Lamm. Wenn man zum ersten Mal hier ist, bestellt man am besten eine der beiden gemischten Platten. Zu trinken gibt es äthiopisches Bier oder Tej, einen vor Ort hergestellten Honigwein. Und natürlich auch äthiopischen Kaffee, Buna, der ebenfalls hier geröstet wird und von dem man traditionellerweise mindestens drei Tassen trinken sollte.

Adresse haNegev Steet 8, Tel Aviv-Neve Sha'anan, Tel. 03/5164264 | **ÖPNV** Bus 1, 5, 40, 42, 89, Haltestelle Chevrat haChashmal / Derech Begin | **Öffnungszeiten** So – Do 10 – 22 Uhr, Fr 10 Uhr – Shabbatbeginn, Sa Shabbatausgang – 23 Uhr | **Tipp** Eine Straße weiter südlich liegt das Areal des alten Busbahnhofs, lange der »tiefste Ort Tel Avivs«, wie es in einem bekannten Lied heißt. Mittlerweile hat die Stadt hier einen Spielplatz angelegt, aber Spritzen und Kondome im Gebüsch zeugen davon, dass die alten Zeiten noch nicht vorbei sind. Wer sich umschauen will, sollte das besser tagsüber tun.

41 Der haBima-Platz

Im versunkenen Garten wandeln

Nach einer umfassenden Renovierung ist der Platz vor Israels Nationaltheater haBima zu einem echten Schmuckstück geworden, das von den Tel Avivern ausgiebig genutzt wird. Das haBima-Gebäude wurde zwischen 1935 und 1945 erbaut. Damals befanden sich daneben noch die städtische Gärtnerei und ein Feld, das als landwirtschaftliche Schulungsstätte genutzt wurde. Erst später kamen der Konzertsaal der Israelischen Philharmoniker und der Helena-Rubinstein-Pavillon für zeitgenössische Kunst hinzu, sodass das Areal, welches leicht erhöht liegt, zu einem Kulturzentrum wurde. Der Großteil des weitläufigen Platzes wurde jedoch lange als Parkplatz genutzt, was gelinde gesagt nicht zum Flair des Ortes beitrug.

Das ist jetzt anders. Nach umfassenden Renovierungsarbeiten, bei denen das haBima eine neue Fassade erhielt, wurde eine unterirdische Parkgarage angelegt. Den nun befreiten Platz übergab man dem Künstler Dani Karavan zur Gestaltung. Wie bei seinem Kikar levana (s. Seite 112) nutzte Karavan auch hier verschiedene Elemente aus der Geschichte des Ortes und schuf begehbare Kunst, in der Natur eine besondere Rolle spielt: Wasser, Bäume, Wiese, Steine und Sand formen das urbane Meisterwerk. Auch Gan Yaacov, die Grünanlage mit schönem alten Baumbestand in der nordwestlichen Ecke des Areals, wurde erneuert.

Der haBima-Platz entwickelte sich mit der Renovierung zunehmend zu einem Ort der Begegnung. Am Nachmittag tummeln sich hier Eltern, die den Freiraum inmitten der Stadt genießen. Die Kinder können die Pfade und den Sandkasten in Karavans versenktem Garten bespielen. Der Platz hat in den letzten Jahren dem Rabin-Platz Konkurrenz gemacht und fungiert auch als Ort für Kundgebungen und Versammlungen. Vor allem während der sozialen Proteste im Sommer 2011, als der Rothschild-Boulevard zur Zeltstadt wurde, war hier das Zentrum der Protestveranstaltungen.

Adresse Kikar haBima, Tel Aviv-Alter Norden | **ÖPNV** Bus 5, Haltestelle haBima / Tarsat, Bus 39, 63, Haltestelle haBima / Sderot Ben Zion | **Tipp** Die Reihenhäuser an der Huberman Street im Osten des Areals, erbaut in den 1950er Jahren von Dov Carmi, wurden früher »Schokoladenhäuser« genannt, da sie teilweise den Besitzern der Firma Elite gehörten, die seit 1934 in Ramat Gan die berühmte »Kuh-Schokolade« herstellt.

42 Der haMedina-Platz

Abschalten abseits des Luxus-Shoppings

Eine Smartphone-Hülle für 5.000 Euro? Wer meint, sich das leisten zu müssen, wird in Tel Aviv problemlos fündig – am haMedina-Platz, der Luxus-Shoppingmeile der Stadt.

Schuhe, Uhren, Küchengeräte und natürlich Mode kann man hier bekommen, sowohl von internationalen Größen wie Boss, Ralph Lauren und Gucci wie auch in lokalen Nobelboutiquen. Entsprechend hoch ist die Dichte von teuren Autos, die am Platz parken, Mercedes, Audi und auch einmal ein Porsche sind hier deutlich öfter vertreten als in der restlichen Stadt. Die Geschäfte reihen sich, unterbrochen von Cafés, Banken und einer stattlichen Anzahl Friseure, an die den Platz umlaufende Straße, die nach dem hebräischen Datum der Staatsgründung benannt ist. Das korrespondiert mit dem Namen des Platzes: »Platz des Staates«. Und früher wurde er auch tatsächlich für offizielle Anlässe genutzt, nämlich als Ort für Militärparaden. Noch 1970 gab es hier eine große Panzer-Ausstellung zum Unabhängigkeitstag.

Heute ist davon nichts mehr zu spüren, der Platz ist eher behäbig und verschlafen. Verlässt man nämlich den äußeren Ring der Luxus-Geschäfte und geht ins Innere des großen Kreisverkehrs, kommt man in eine ganz andere Welt. Die Anwohner nutzen die große, im Sommer immer etwas vertrocknete Rasenfläche als Picknick-Areal, Yoga-Übungsort und Hundespielplatz. Wobei es keineswegs so ist, dass der Platz stark bevölkert ist. Die meiste Zeit über ist man relativ alleine auf weiter Flur und kann die Freifläche genießen. Wie lange noch ist allerdings fraglich, denn die Stadt plant hier ihre nächste große Bausünde.

Eine Zeit im Jahr gibt es, während der man den Ort meiden sollte: Wenn nämlich Hunderte Kinder der Gegend hier Lag baOmer feiern. Bei diesem Fest im Mai werden Lagerfeuer angezündet, die in einem baumarmen Land wie Israel vor allem aus Bauschutt aufgeschichtet sind – und dementsprechend unangenehm riechen.

Adresse Kikar haMedina, Hei be-Iyar Street, Tel Aviv-Neuer Norden | ÖPNV Bus 7, 14, 22, Haltestelle Kikar haMedina/Lipsky | Tipp An der Ecke Weizmann/Beeri Street, gut 300 Meter Richtung Süden vom haMedina-Platz, erinnert eine Statue von Eli Ilan und zweisprachige Namenstafeln an die elf israelischen Sportler, die während der Münchner Olympiade von 1972 von palästinensischen Terroristen als Geiseln genommen wurden und dabei ihr Leben verloren.

43 Die Hassan Bek Moschee

Historische Grenze zwischen Tel Aviv und Jaffa

Ein wenig verloren steht sie da, die Moschee an der haYarkon Straße auf Höhe des Dolphinariums. Umgeben von Hotelanlagen im Süden und dem großen Carmelit-Parkplatz macht es den Eindruck, dass die Hassan Bek Moschee aus dem Kontext gerissen wurde. Und das ist auch tatsächlich so, denn sie ist eines von nur zwei Gebäuden des Wohnviertels Manshije, die vom Abriss verschont wurden. Die Moschee ist nach dem ottomanischen Gouverneur Jaffas benannt, der sie zwischen 1914 und 1916 aus weißem Kreidestein erbauen ließ. Zu dieser Zeit lag die Moschee weitab von der muslimischen Bevölkerung Jaffas, und Manshije war noch spärlich besiedelt. Der Gouverneur wollte mit dem Bau die jüdische Ansiedlung in Richtung Süden begrenzen und Hoheit vor Ort demonstrieren. Tatsächlich war die Moschee, die an der historischen Grenze zwischen Tel Aviv und Jaffa liegt, auch immer wieder ein Ort, an dem sich der jüdisch-arabische Konflikt in der Stadt kristallisierte. So nutzten Araber das Minarett im Unabhängigkeitskrieg als Schießstand, Juden griffen die Moschee mehrmals an, wie etwa nach dem Anschlag am Dolphinarium.

Mit dem Anwachsen von Manshije wurde das Gotteshaus zum religiösen Zentrum des überwiegend muslimischen Viertels. Nach dem Unabhängigkeitskrieg stand es lange leer. Die bunten Fenster, Türen und Mosaikfliesen wurden gestohlen, und das Gebäude verkam zunehmend. Ende der 1970er Jahre wurde bekannt, dass die Moschee an einen jüdischen Investor verkauft wurde, der sie in ein Einkaufszentrum verwandeln wollte. Ein Sturm der Entrüstung, nicht nur der arabischen Einwohner der Stadt, stoppte diesen Plan, und die Moschee wurde schließlich der muslimischen Gemeinschaft Jaffas übergeben. In den 1980er Jahren musste das eingestürzte Minarett neu aufgebaut werden und gewann dabei deutlich an Höhe. Heute ist die Moschee trotz ihrer abseitigen Lage wieder in täglichem Einsatz als Gebetshaus.

Adresse haKovshim 82, Tel Aviv-Neve Zedek | **ÖPNV** alle Linien zur Haltestelle Carmelit, unter anderem 17, 31, 63, 66 | **Tipp** Die historische Grenze zwischen Tel Aviv und Jaffa verlief in etwa entlang der etwas nördlich gelegenen, reichlich unspektakulären Daniel Straße. Während Krisenzeiten und des Unabhängigkeitskrieges wurde diese Grenze von Militär bewacht.

44 Die Herzl-Graffitis

Bart und Message am Rabin-Platz

Einst gab es hier Obstplantagen, später ein Schwimmbad und angrenzend den städtischen Tierpark. Der rechteckige Rabin-Platz im Zentrum der Stadt wurde in seiner jetzigen Form erst Mitte der 1960er Jahre angelegt, als an seinem nördlichen Ende das Gebäude der Stadtverwaltung errichtet wurde. Seitdem ist der »Platz der Könige Israels«, wie er ursprünglich hieß, Schauplatz der größten Versammlungen des Landes. Im April 1977 feierten Zehntausende nach dem Sieg von Maccabi Tel Aviv die erste israelische Europameisterschaft im Basketball. 1982 demonstrierten 400.000 Menschen für ein Ende des Libanonkrieges infolge der Massaker von Sabra und Schatilfa. Am 4. November 1995 wurde Jitzhak Rabin nach einer Friedenskundgebung hier ermordet. Der Platz erhielt daraufhin seinen Namen.

»Wenn ihr wollt, ist es kein Märchen«, hatte einst Theodor Herzl, der Begründer des politischen Zionismus, seiner Utopie eines Judenstaates in Palästina vorausgeschickt. Ob er von den Entwicklungen in Tel Aviv, das im Übrigen nach der Übersetzung seines Romans »Altneuland« benannt wurde, beeindruckt wäre, sei dahingestellt. Herzl wünschte sich Normalität für das jüdische Volk, die tiefe Spaltung der Gesellschaft, die durch die Ermordung Rabins auf tragische Weise zum Vorschein kam, hätte er sich sicherlich nicht träumen lassen.

Seit Sommer 2007 waren in Tel Aviv Herzl-Graffitis zu sehen. Sie verweisen den Betrachter auf die verpassten Chancen durch eine Abwandlung des Textes: »Lo rozim, lo zarich ...« – »Wenn ihr nicht wollt, müsst ihr nicht ...«, heißt der Schriftzug unter Herzls Porträt. Die meisten Graffitis sind mittlerweile übermalt, doch ausgerechnet hier, am Rabin-Platz, sind sie noch präsent. Man kann sie auf den Laternenmasten in der östlichen und westlichen Ecke des Platzes entdecken – Herzl als mahnende Ikone im Alltag, die uns daran erinnert, dass alles nur von uns selbst abhängt.

Adresse Kikar Rabin, Tel Aviv-Alter Norden, die Laternen stehen an der Ecke Frishman/Malkei Israel und Frishman/Ibn Gvirol | **ÖPNV** Bus 18, 25, 149, 174, Haltestelle Kikar Rabin/Malkei Israel | **Tipp** Die unwiderstehlichen Linzer-Törtchen der in der Ibn Gvirol gelegenen Brasserie lassen sich vorzüglich am Öko-Pool genießen, der am südwestlichen Ende des Platzes zum Sitzen einlädt.

45__Der Hill-Platz
Geschichtsträchtiger Hügel im Alten Norden

Wer am Milano-Platz die Ibn Gvirol Straße Richtung Westen überquert, muss in der Horkanos Straße eine kurze, aber doch deutliche Steigung überwinden. Durch die Bebauung sieht man die topografischen Gegebenheiten nur mehr begrenzt, sodass der einst markante Hügel an dieser Stelle wenig auffällt. Heute findet sich hier eine kleine, unscheinbare Grünanlage, die neben einem winzigen Spielplatz an ihrer nördlichen Seite einen kleinen Wasserfall zu bieten hat und die angenehm dicht bepflanzt ist. Von parkenden Autos eingeschlossen, muss man den Platz zu Fuß umrunden und erkunden, denn der tatsächlich sehenswerte Punkt liegt in der Mitte und ist von der Südseite aus zu begehen.

Terrassenförmige Steinstufen führen durch die Bepflanzung hinauf zu einer marmornen Gedenksäule. Sie erinnert an den Namensgeber des Platzes, den britischen Generalmajor John Hill, der in der Nacht zum 21. Dezember 1917 an dieser Stelle mit seiner Brigade den Yarkon-Fluss überquerte und in einer entscheidenden Schlacht die feindlichen Stellungen angriff. Die Einnahme dieses wegen des Ausblicks auf die Umgebung strategisch wichtigen Punktes und weiterer Stellungen am anderen Ufer – insgesamt überquerten die Briten in jener Nacht an drei Stellen den Fluss – läutete den britischen Sieg über die Ottomanische Armee ein. Hill gehörte im Ersten Weltkrieg der Egyptian Expeditionary Force an, die im März 1916 dazu geformt worden war, die britischen Streitkräfte in Ägypten zu befehligen.

Das Viertel um den Platz herum wurde erst in den 1940er Jahren gebaut und gehört heute zu den beliebten Wohngegenden im sogenannten Alten Norden der Stadt. In den 1970er Jahren wurde der Platz neu gestaltet und bepflanzt, wobei Grabhöhlen und jüdische Siedlungsreste aus dem 4. Jahrtausend v. d. Z. entdeckt wurden. Eine dieser Höhlen, durch ein Gitter abgesperrt, ist gut zu sehen, wenn auch leider oft mit Müll »verziert«.

Adresse Kikar Hill, zwischen Horkanos und Shimon haTarsi Street, Tel Aviv-Alter Norden | **ÖPNV** Platz 5, 11, Haltestelle Sderot Nordau/Yehoshua Bin Nun, dann einige Minuten zu Fuß Richtung Norden durch die Yehoshua Bin Nun, Bus 25, 189, Haltestelle Kikar Milano, von hier durch die Horkanos | **Tipp** Fünf Gehminuten Richtung Westen kommt man in die belebte Yermiyahu Street mit kleinen Boutiquen und Cafés. Hummus Ashkara in Yermiyahu Street 45 ist definitiv das beste Hummus-Restaurant im Norden der Stadt und dementsprechend beliebt.

46__Das Hotel Palatin

Ehemaliger Luxusschuppen des Jischuw

Es war einst das erste Hotel in Tel Aviv. Keine kleine Herberge, sondern ein richtiges, großes und nobles Hotel. Der erste Luxusschuppen quasi. Allerdings nicht dort, wo sich heute die großen Hotelriesen aneinanderreihen, entlang des Strands, sondern nah am Rothschild-Boulevard, an der Kreuzung Ahad haAm und Nachlat Binyamin.

Schon Anfang der 1920er Jahre wurde der Bedarf an einem großen Hotel in der jungen Stadt deutlich. Dr. Meir Masia entschloss sich, ein solches auf seinem Grundstück zu errichten. Er beauftragte den aus Berlin stammenden Architekten Alexander Baerwald, der in Palästina bereits einige wichtige Bauten realisiert hatte, allen voran die technische Hochschule in Haifa. Baerwald versuchte einen eigenen, dem Land angemessenen Stil zu entwickeln und verband moderne deutsche Bauweise mit orientalischen Charakteristika. So auch im Hotel Palatin, wie das mondäne Hotel heißen sollte. Der Name ist dabei Programm: Palatin heißt Palast. Eigentlich durfte in Tel Aviv nicht höher als drei Stockwerke gebaut werden, das Hotel Palatin erhielt jedoch eine Ausnahmegenehmigung und wurde damit zum höchsten Gebäude weit und breit. Am 31. August 1926 wurde es feierlich eröffnet. Das Hotel hatte 60 Zimmer, alle sehr modern ausgestattet, mit fließend kaltem und warmem Wasser auf den Zimmern, Dachgarten und Tanzsaal. Die Kellner bedienten in Frack und Handschuhen – eine europäische Insel im Nahen Osten.

Nach dem Tod des Eigentümers wurde das Hotel noch einige Jahre fortgeführt, dann zum Bürogebäude, zu einem Hotel und Club für Soldaten und später wieder zum Bürokomplex umfunktioniert. 1993 setzte man bei einer umfassenden Renovierung ein weiteres Stockwerk und eine Kuppel auf und verpasste dem Haus eine seltsame Farbe, was dem Bau nicht gutgetan hat. Heute steht er wie ein seltsam unpassender Koloss an der Kreuzung, seine einstige Pracht und Grazie kann man aber noch immer ausmachen.

Adresse Ahad haAm Street 28, Tel Aviv-Stadtmitte | **ÖPNV** Bus 4, 16, 17, 25, 31, Haltestelle Allenby/Beit haKnesset haGadol | **Tipp** Nur eine Ecke weiter, Allenby Street 110, ist die Große Synagoge, die im gleichen Jahr erbaut wurde und ebenfalls nach einer Renovierung eine weniger glückliche Fassade bekommen hat. Baerwald schlug drei verschiedene Entwürfe für die Synagoge vor, die am Ende alle abgelehnt wurden. Sein Versprechen nach dem ewigen Hin und Her, niemals im Leben einen Fuß in diese Synagoge zu setzen, hielt er angeblich.

47 — Das Hummus Abu Hassan

Hummus oder Massabcha, das ist hier die Frage

Ob es eine palästinensische oder israelische Speise ist, darüber lässt sich streiten. Auch darüber, ob der Hummus in Galiläa oder in Abu Gosh besser schmeckt. Unzweifelhaft ist aber die Stellung von Abu Hassan in Jaffa. In einer kleinen Seitenstraße nahe dem Hafen wird täglich, von acht Uhr früh bis dass die Töpfe leer sind, der beste Hummus, Ful und Massabcha verkauft. Begonnen hat der legendäre Ladengründer Ali Karavan, der 2007 verstarb, mit einem Handwagen, von dem aus er im Ajami-Viertel Hummus verkaufte. Dann eröffnete er ein kleines Geschäft, und Anfang der 1970er Jahre zog er in die Dolfin Straße, wo der Laden auch heute noch ist. Ali Karavan bereitete den Hummus gut 40 Jahre selbst zu, stand jeden Morgen um fünf Uhr auf und begann die Kichererbsen zu kochen. Nachdem er es viele Jahre abgelehnt hatte, weitere Filialen zu eröffnen, stimmte er am Ende doch zu. Das Hummus-Imperium wird heute von Ali Karavans Söhnen geführt. Den Versuch einer Filiale in Sarona haben sie jedoch wieder aufgegeben.

Wer das wirklich echte Hummus-Erlebnis sucht, muss in die Dolfin Straße kommen. Und zwar zum Essen – und nur zum Essen. Hier ist keine Zeit für geselliges Beisammensein, noch während man einen der einfachen Tische zugewiesen bekommt, den man sich mit anderen teilt, gibt man die Bestellung auf. Bis man richtig sitzt, steht der Teller vor einem, und sobald man gegessen hat, räumt man den Platz für die nächsten schon wartenden Gäste. Die Schlange füllt vor allem freitags die ganze Straße.

Der Hummus ist hier herrlich cremig und kommt mit Tchina und wahlweise Ful, also Fava- oder Ackerbohnen. Richtig göttlich ist aber das Massabcha. Anders als bei Hummus werden beim Massabcha die Kirchererbsen noch weicher gekocht, aber nicht püriert, sondern mit Tchina und Gewürzen angerührt und warm serviert. Wer noch nicht genug hat, kann auch eine Portion mit nach Hause nehmen.

Adresse haDolfin Street 1, Tel Aviv-Jaffa/Ajami | **ÖPNV** Bus 10, Haltestelle Yefet/Louis Pasteur, Bus 37, Haltestelle Yehuda Margoza/Yefet | **Öffnungszeiten** 8–14 oder 15 Uhr (bis die Töpfe leer sind) | **Tipp** Wer sich mehr Zeit lassen will, sollte die Filiale in der Shivtei Israel Street 14 in Jaffa aufsuchen. Dort gibt es nicht nur deutlich mehr Tische, sondern auch eine größere Speisekarte.

48___Die Hurschat Etzion

Ein Kibbuz am südlichen Stadtrand

Ganz im Süden der Stadt, nah an der Grenze zu Bat Jam, liegt eine kleine Grünfläche mit Hain (hebräisch: Hurschat) zwischen den heute nach Philosophen benannten Straßen Aplaton, Aristo und Socrates. Sie hat eine bewegte Vorgeschichte, eine Geschichte, die weit von Tel Aviv entfernt beginnt. 1927 siedelte eine Gruppe orthodoxer Juden südlich von Jerusalem und baute dort eine landwirtschaftliche Gemeinschaft auf. Nur zwei Jahre später wurde diese von arabischen Nachbarn zerstört. Anfang der 1930er Jahre als »Kfar Etzion« neu gegründet, mussten die Siedler während der arabischen Unruhen 1936 bis 1939 den Ort schon wieder verlassen. In den 1940er Jahren wurden schließlich vier religiöse Kibbuzim gegründet – darunter auch Kfar Etzion –, die zusammen den sogenannten Gush Etzion bildeten.

Der UN-Teilungsplan sprach das Gebiet dem zukünftigen arabischen Staat zu. Nachdem es immer wieder zu bewaffneten Auseinandersetzungen zwischen Juden und Arabern gekommen war, wurden im Januar 1948 alle Frauen und Kinder aus Kfar Etzion evakuiert. Am 13. Mai kam es zu einer heftigen Schlacht, dem sogenannten Kfar-Etzion-Massaker, bei dem etwa 130 Juden getötet wurden. Die Witwen und Waisen siedelten sich nach der Staatsgründung in Jaffa innerhalb des Jabalia-Viertels an und führten dort das Kibbuzleben mit gemeinsamer Küche und Kindererziehung fort. Erst im Laufe der 1950er Jahre ging der Kibbuz auseinander. Geblieben ist nur ein kleiner Hain, eine kleine grüne Insel inmitten des heruntergekommenen Wohngebietes. Die Grünfläche war einst der Innenhof des Kibbuz, in dem sich das Gemeinschaftsleben größtenteils abspielte. Auch einige der Gebäude, wie etwa die ehemalige Synagoge, die dem Kibbuz nicht nur als religiöses, sondern auch als kulturelles Zentrum diente, stehen noch. Die Stadt hat vor wenigen Jahren einen Gedenkstein am Eingang des Hains aufgestellt, der die Geschichte des Kibbuz erzählt.

The sign reads:

חורשת עציון
"החצר הגדולה"

"החצר הגדולה" הייתה מרכז חייהם של עשרות ילדים,
שפונו עם אימותיהם מכפר עציון במלחמת העצמאות -
תש"ח [1948]. גוש עציון נפל בקרב, רוב הילדים התייתמו
מאבותיהם, אמוותיהם התאלמנו. הם שוכנו בבתים העוטרים
את "החצר". בשנות ה-50 של המאה ה-20 ניטעה החורשה.
ברבות השנים השתקמו תושבי החצר, עקרו מכאן ובנו
חיים חדשים.
במלחמת ששת הימים, תשכ"ז [1967], נגאל גוש עציון.
בני כפר עציון זכו לשוב ולחדש בו את ביתם.
כאן טופחה מורשת גוש עציון וניטע החלום - "ושבו בנים
לגבולם".
ואתה, ההלך, מוזמן להעפיל להו ולחזות בהתגשמותו.

THE COURTYARD

This courtyard served the widows and young orphans
of kibbutz Kfar Etzion who came to live in neighboring
homes after the fall of the Etzion Bloc on Nay 14 1948

Adresse Eingang gegenüber von Aristo Street 8, Tel Aviv-Jaffa / Givat haAlija | **ÖPNV** Bus 10, 37, 41, Haltestelle Yefet / Yotvat | **Tipp** Der nah gelegene Strand in Givat Aliya, wie Jabalia auf Hebräisch bezeichnet wird, ist eine gute Alternative zu den oft überfüllten Stränden Tel Avivs. Hier kann man auch noch die ursprüngliche Flora der Küstenlandschaft finden, genau wie Krebse und andere tierische Strandbewohner.

49 Das Joseph-Bau-Haus

Eine große Welt hinter einer kleinen Tür

Er war Maler, Grafiker, Zeichner, Designer, Schriftsteller, Dichter und Pionier des Animationsfilms in Israel: Als Joseph Bau 2002 verstarb, hinterließ er ein riesiges Erbe mit den Früchten seines so überaus kreativen Schaffens. Seine beiden Töchter Hadassa und Zlila haben daraus ein kleines Museum gemacht, das so bunt wie Baus Leben selbst ist.

Joseph Bau wurde 1920 in Krakau geboren. Er überlebte die Schoah nicht zuletzt aufgrund seiner Fertigkeiten als Grafiker, die die Nazis ausbeuteten. Vom Getto Krakau wurde er ins Zwangsarbeiterlager Plaszow deportiert, wo er heimlich seine geliebte Rebecca heiratete; von dort kam er ins KZ Groß-Rosen und auf Schindlers Liste in dessen Arbeitslager in Brünnlitz. Nach dem Krieg schloss er sein Studium an der Krakauer Hochschule der Künste ab. Auch aufgrund des virulenten Antisemitismus in Polen entschloss er sich 1950, mit seiner Familie nach Israel auszuwandern. 40 Jahre lang war er in seinem Studio in einer kleinen Seitenstraße des Rothschild-Boulevards tätig. Hadassa und Zlila haben dort sein Arbeitsumfeld erhalten, seinen Schreibtisch mit allen Utensilien, die er fürs Zeichnen nutzte, und auch die Projektoren für seine Animationsfilme. Als echtes Multitalent hatte er diese kurzerhand selbst gebaut. Die Wände der kleinen Wohnung sind voll mit Baus Zeichnungen und Bildern, deren Hintergrund und Entstehungsgeschichten die Schwestern gerne erzählen. Das Besondere an Joseph Baus Arbeiten ist der Humor, der aus ihnen spricht, selbst aus den in Gettos und KZs entstandenen Zeichnungen. Schön ist auch ein Zyklus zur hebräischen Sprache, die Joseph Bau nach seiner Emigration erlernen musste. Das Museum ist zwar klein, aber man sollte etwas Zeit mitbringen, denn das Blättern in den zahlreichen Katalogen und Büchern dauert ebenso, wie den kurzweiligen Erzählungen der Bau-Töchter über ihren faszinierenden Vater zu lauschen.

Adresse Berdyczewski Street 9, Tel Aviv-Alter Norden, www.josephbau.co.il/house.html |
ÖPNV Bus 5, Haltestelle haBima/Sderot Rothschild, Bus 39, 63, Haltestelle haBima/
Sderot Ben Zion | **Öffnungszeiten** nach Vereinbarung, Tel. 054/4212730 (Hadassa) oder
Tel. 054/4301499 (Zlila), clilabau@gmail.com | **Tipp** Um die Ecke am Rothschild
Boulevard 140 ist Tel Avivs stylische Variante des Pizza-Schnellimbisses zu finden. Tony
Vespa, täglich von 12–4 Uhr nachts geöffnet, hat zwar nicht die günstigsten, dafür aber die
dünnsten, knusprigsten und vielleicht besten Pizzen der Stadt mit typisch israelischen
Belägen wie Aubergine und Artischocken.

50__Julie's Restaurant

Der Tachrir-Platz liegt gleich hinter dem Markt

»Fühlt euch wie zu Hause«, sagt Julie herzlich, und das ist auch gar nicht schwer in ihrem kleinen Restaurant, das wie ein Wohnzimmer eingerichtet ist, mit weißer Vitrine, Familienbildern an den Wänden und allerlei liebevollen Details. Gerade mal zehn Tische gibt es drinnen und draußen, mit netten Plastiktischdecken und bunt zusammengewürfelten Stühlen. Nachdem ihr Restaurant nach zwölf Jahren in der Shabazi Straße in Neve Zedek den dortigen Neubauten weichen musste, ist Julie Ozon in die Malan Straße im Kerem haTeimanim, dem Viertel um den Carmel-Markt, ausgewichen. Biegt man vom Markt in die Malan Straße ab, muss man sich erst den Weg durch den Müll der Marktstände bahnen, um dann in die schönen Gassen zu gelangen, die hier im Viertel gerade aufblühen. Eigentlich ist Julie hier viel besser aufgehoben, schon rein kulinarisch, und die Stammkundschaft hält ihr bis heute die Treue.

Das ist nicht weiter erstaunlich, denn Julie weiß, was sie tut. 1949 mit ihrer Familie aus Kairo nach Israel gekommen, kocht sie authentisches ägyptisches Essen, einfach und extrem lecker. Jeden Morgen entscheidet sie, was es heute gibt, kauft am Markt ein und legt los. Zwischen 11.30 und 16 Uhr kann man dann essen kommen. Oft ist Julies Tochter auch da und hilft mit. Es gibt keine Karte, stattdessen können die Gäste in die Küche kommen, in die Töpfe schauen und sich zusammenstellen, was sie möchten. Es gibt immer verschiedene Bouletten aus Fleisch oder Fisch, gefülltes Gemüse, vegetarische Gerichte sowie besonders scharfe. Und wer es gerne noch schärfer hat, der kann einen Nachschlag haben.

Nebenbei hält Julie auch mal ein Schwätzchen mit Gästen, zum Beispiel über die Umbrüche in Ägypten oder sonstige weltpolitische Fragen. Sie erzählt gerne, ist aber nie aufdringlich. »Julies Tachrir-Platz« steht auf einem Schild zwischen den Familienfotos. Wer hätte gedacht, dass der so nah ist.

Adresse Malan Street 42, Tel Aviv-Kerem haTeimanim | **ÖPNV** Bus 4, 16, 22, 31, Haltestelle Allenby/Bialik, von dort durch den Markt oder die kleinen Seitenstraßen | **Öffnungszeiten** So–Do 11.30–16 Uhr | **Tipp** Wer es lieber süß hat, der sollte das Halva-Center am Carmel-Markt, haCarmel Street 5, aufsuchen. Dort verführt Halva in allen Variationen und sehr guter Qualität, mit Nüssen, besonders lecker mit Pistazie, Schokolade oder getrockneten Früchten.

51_Die Kazir-Graveure
Wie kommt das Alef auf die Tastatur?

Jeder, der außerhalb Israels einen Computer gekauft hat und gerne Hebräisch damit schreiben möchte, kennt das Problem: Man kann zwar ohne Weiteres die Eingabesprache auf Hebräisch umstellen, nur leider ist die Bedienung der Tastatur dann ein Ratespiel. Für wenig Geld sind kleine Aufkleber zu erstehen, und die kann man dann in mühsamer Kleinarbeit auf die richtige Taste kleben. Spätestens aber wenn es ein wenig wärmer wird, verrutschen die Buchstaben beim Tippen oder bleiben gar an den Fingern kleben. Die Lösung des Problems findet sich im Süden Tel Avivs, in der Chlenov Straße.

Unscheinbar zwischen einem Elektro- und einem Eierladen gibt es dort eine winzige Graveur-Werkstatt. Die Brüder Moshe und Chaim Kazir sind hier seit 25 Jahren im Geschäft, nämlich im Buchstaben-Geschäft. In allen nur erdenklichen Sprachen gravieren sie Buchstaben auf Computertastaturen: Hebräisch, Russisch und natürlich lateinische Buchstaben sowie alle Sonderzeichen der verschiedenen Sprachen, wie die deutschen oder die skandinavischen Umlaute. Für einige führende Computerhersteller sind die Brüder die offiziellen Buchstabenritzer.

Aber auch der kleine Kunde kann zu ihnen kommen mit seinem Laptop oder seiner Tastatur, die ihm dann gleich aus der Hand genommen wird. Schneller als man protestieren kann, sind die Tasten abmontiert. Die Buchstaben werden an einer Maschine nacheinander eingraviert, dann ausgemalt. Am Ende werden die Tasten wieder aufgesteckt. Moshe und Chaim geben dabei ein paar amüsante Geschichten zum Besten und genießen sichtlich, wenn ihre exakte Arbeit bewundert wird. In weniger als einer halben Stunde kann man mit der erweiterten Tastatur das Geschäft verlassen, und so gibt es keine Ausreden mehr, nicht Hebräisch schreiben zu können. Die Brüder gravieren auch Schilder jeder Art, sodass man sich beispielsweise ein hebräisches Namensschild erstellen lassen kann.

Adresse Chlenov Street 15, Tel Aviv-Neve Sha'anan | **ÖPNV** Bus 3, 19, 25, Haltestelle haAliya / Wolfson, durch die Matalon Street zur Chlenov | **Öffnungszeiten** tagsüber So – Do, Tel. 03/6870631 | **Tipp** Im ehemaligen Arbeiterviertel Chlenov, das in den 1920er Jahren entstand, wurden in den vergangenen Jahren einige interessante Galerien gegründet. Neben Chlenov 3 in einem ehemaligen Rahmengeschäft und dem Künstlerkollektiv Binyamin, Chlenov 28, ist vor allem die Hezi Cohen Galerie, Wolfson Street 54, einen Besuch wert.

52__Der Kikar levana

Landschaftsskulptur mit großartigem Ausblick

Am Ende der La Guardia Straße, zwischen den viel befahrenen Zubringern Derech haShalom und Derech haTajasim, versteckt sich ein Ruhepol mit einem der beeindruckendsten Kunstwerke der Stadt. Von unten nur teilweise sichtbar, muss man den Hügel im Edith-Wolfson-Park erklimmen, der auch der höchste Punkt Tel Avivs ist, um zum »Weißen Platz« zu gelangen. Diese großflächige Landschaftsskulptur, die der international renommierte Künstler Dani Karavan entworfen hat, ziert seit 1989 den Park und lädt zum Begehen im wahrsten Sinne des Wortes ein.

In Anspielung auf die »Weiße Stadt« symbolisiert die Skulptur Tel Aviv und seine Gründung. Sie besteht aus einer rechteckigen Grundfläche, auf der sieben geometrische Formen in weißem Beton angeordnet sind. Ein im Boden eingelassenes abgestuftes Quadrat entspricht der Grundfläche einer Parzelle in Tel Avivs erstem Wohnviertel Achusat Bait. Daneben erhebt sich eine Pyramide, die an einer Seite offen ist, sodass das Sonnenlicht mittags eine vorgezeichnete Linie erreicht. Ein Kuppelgebäude wird durch einen Olivenbaum gespalten, die Vegetation der Region symbolisierend, genau wie ein Wassergraben einen abgestuften Bau und die Haupttreppe teilt. Ein 20 Meter hoher Turm, der eine alte Alarmglocke versteckt, die nicht verschoben werden konnte, bietet eine wunderbare Aussicht auf die Stadt. Wenn die Tür abgeschlossen ist, kann der Wächter am Eingang zum Park helfen. Eine in den Boden eingelassene Sonnenuhr schließt das Areal ab.

Am Wochenende wird der Park mit seinen weiten Grasflächen, großem Spielplatz und künstlichem See von Besuchern eingenommen, die hier klettern, rutschen, hüpfen, sich verstecken, Skateboard fahren. Wer es lieber ruhig mag, sollte unter der Woche kommen. Andererseits ist es herrlich anzusehen, wie Karavans Skulptur zur riesigen Spielfläche und große Kunst im wahrsten Sinne des Wortes erlebt wird.

Adresse zwischen Derech haShalom und Derech haTajasim, Tel Aviv-Ramat haTayassim | **ÖPNV** Bus 23, 31, 34, 39, Haltestelle La Guardia / Derech haTayassim | **Tipp** Wer sich danach stärken will, sollte einkehren im Café Shaked, Aluf David Street 40, das schon zu Ramat Gan gehört. Das Shaked hat einfaches, aber sehr leckeres und frisches Essen und ist eine bekannte Institution im Viertel.

53__Die Kiryat haMelacha
Tel Aviver Mini-Soho

Handwerksbetriebe, Warenhäuser, billige Textilgeschäfte, Autogaragen, geschäftiges Treiben bei Tag und zwielichtige Gestalten bei Nacht – das ist das Pflaster von Tel Avivs derzeit wichtigstem Kunst-Hotspot. Im »Handwerker-Viertel« Kiryat haMelacha haben sich in den letzten Jahren viele Künstler niedergelassen, oft in gemeinsamen Studios, angezogen von dem Loftcharakter der Räumlichkeiten und den günstigeren Mieten. Letztere gehören zwar schon der Vergangenheit an, aber noch immer wächst die Künstlergemeinde.

Kiryat haMelacha wurde in den 1960er Jahren gebaut, initiiert von Bürgermeister Mordechai Namir. Schön ist das Viertel nicht. Die großen fabrikähnlichen Gebäude, jeweils von zwei Seiten aus begehbar, sind hässliche Betonklötze. Vier parallele kleine Straßen mit so klangvollen Namen wie zum Beispiel »Weg der Kraft« und »Weg der Fabrik« durchziehen das Viertel. Ein wenig erinnert das Ganze an Soho, wenn auch natürlich nur im kleinen Stil. Auf jeden Fall entdeckten Künstler und Galeristen das Potenzial der Räume, die in der Kiryat zu bekommen sind: hohe Decken, nackte Steinwände, karge Einrichtung – ideal für Studios.

Die alteingesessene Rosenfeld-Galerie, zuvor auf der Dizengoff Straße zu Hause, wagte 2009 als Erste den Schritt und zog in die Kiryat um. Heute gibt es viele Galerien im Viertel, alle auf zeitgenössische Kunst spezialisiert, wie die Raw Art Galerie, Feinberg Projects oder ZIZ. Das Shpilman-Institut für Fotografie vor Ort bietet neben wechselnden Ausstellungen auch regelmäßig Künstlergespräche und Fachvorlesungen an. Zu bestimmten Gelegenheiten, etwa dem jährlich stattfindenden »Häuser von innen« im Mai, können Künstler auch in ihren Studios besucht werden. Selbst auf der Straße gibt es Kunst zu sehen. In der Kiryat haMelacha haben Israels führende Straßenkünstler, wie Klone und 0 Cent, einige Spuren hinterlassen.

Adresse Zugang zum Beispiel über Shvil haTnufa; das Viertel befindet sich zwischen Schocken, Kibbutz Galuyot und Sderot Har Zion, Tel Aviv-Herzl Hügel (Givat Herzl) | **ÖPNV** Bus 3, 19, 72, Haltestelle Schocken / Derech Kibbutz Galuyot | **Tipp** Nach so viel geballter Modernität tut etwas Traditionelles gut. Da hilft eine Stärkung bei Shmulik Cohen, wo seit 1936 gute jüdische Hausmannskost angeboten wird: Gefüllten Fisch, gehackte Leber, die obligatorische Hühnersuppe, Zunge und mehr gibt es in der Herzl Street 146 ein paar Gehminuten nördlich von der Kiryat haMelacha.

54 Die Kiryat Meir

Eine Gartenstadt in der Gartenstadt

Als Anfang September 1936 die ersten Bewohner in Kiryat Meir einzogen, begründeten sie das östlichste Wohnviertel Tel Avivs. Von Feldern und Plantagen umgeben, war die nach dem im selben Monat verstorbenen Bürgermeister Meir Dizengoff benannte Siedlung ein Pendant zu den Meonot Ovdim (s. Seite 42) für die Mittelschicht. Planung und Umsetzung sind der Privatinitiative des Unternehmers Shalom Pechter zu verdanken. Er konnte den Grund erwerben, der zwischen dem arabischen Dorf Sumeil (s. Seite 194) und den Templern von Sarona (s. Seite 170) lag, und veröffentlichte Anfang 1934 ein Bauprogramm, das gute Kredite beinhaltete. In nur wenigen Tagen registrierten sich 700 Interessierte. Wer die knapp 170 Wohnungen, die schließlich gebaut wurden, bekam, musste ausgelost werden.

Architektin der Anlage im internationalen Stil ist die in Russland geborene und in Deutschland aufgewachsene Judith Stolzer Segal. Sie hatte in Danzig studiert, war Ende der 1920er Jahre nach Berlin gegangen, um dort zu arbeiten, und flüchtete 1933 nach Palästina. Ihr Plan, der den ausgeschriebenen Wettbewerb gewann, umfasst zwölf Gebäude, wovon zehn genau identisch sind und in Zweierreihen parallel zur heutigen Ibn Gvirol Straße stehen. Auch die Wohnungen sind genau gleich und waren für die damalige Zeit mit modernsten Neuerungen wie integrierter Küchenecke und Wandschränken ausgestattet.

An den beiden Kopfseiten stehen größere Häuser, wobei das lange Gebäude mit sechs Eingängen an der Dubnov Straße auf Säulen gebaut ist. Darunter führt eine große Treppe in den Garten und fungiert so als Eingangstor in die Siedlung. Auch heute noch kann man auf diese Weise in den Garten gehen, genau wie über die fünf parallelen Wege, die von der Mane zur Zeitlin Straße die Siedlung durchkreuzen. Der Garten ist eine herrliche urbane Oase mit gepflegtem Rasen, Zitrus- und Maulbeerbäumen und Gemüsebeeten.

Adresse zwischen Ibn Gvirol, Zeitlin, Dubnov und Mane Street, Tel Aviv-Neuer Norden |
ÖPNV Bus 18, 25, Haltestelle Kikar Rabin / Malkei Israel, Bus 89, Haltestelle Kikar
Rabin / Ibn Gvirol | **Tipp** Der Dubnov-Park gleich gegenüber ist eine der schönsten
Grünanlagen in der Innenstadt, mit Spielplatz für verschiedene Alter und großer Wiese
mit schattigen Bäumen. Der Kiosk am Eingang wird noch immer von dem etwas kauzigen
Sohn seiner ersten Besitzer betrieben und ist ausgesprochen günstig.

55 Das Konservatorium

Von Neueinwanderern zu Klavier, Solfège und Jazz

Der heutige Standort des Israelischen Musik-Konservatoriums im Alten Norden der Stadt wechselte einige Male seine Bestimmung. Zuerst wurde auf dem Gelände das Beit haOlim (»Haus der Einwanderer«) gebaut, da das bisherige Beit haOlim in der Alija Straße hoffnungslos überfüllt war. Damals lag das Areal zwar näher am neuen Hafen, der infolge der arabischen Unruhen gebaut wurde, die 1936 das Land erschütterten, aber noch reichlich abgelegen und wurde von nur einer einzigen Autobuslinie aus der Stadt angefahren. Hier wurden von der Keren haYesod-Aktion drei Gebäude in U-Form und einen großen gemeinschaftlichen Innenbereich errichtet. Der Komplex wurde im März 1938 eingeweiht und bot Platz für 200 Neueinwanderer.

Doch dabei blieb es nicht lange: Nach den italienischen Luftangriffen auf Tel Aviv 1940 (s. Seite 78) benötigte man ein zusätzliches Krankenhaus, um die Verletzten zu versorgen. Das Einwandererhaus wurde umfunktioniert und bis 1953 zum Yarkon-Krankenhaus, dann aber mit dem Tel haSchomer-Krankenhaus vereinigt. Als Beit haChajal wurden die Gebäude von Soldaten genutzt. Erst 1983 wurde das Konservatorium eingeweiht und fand damit 40 Jahre nach seiner Gründung ein adäquates Zuhause.

Heute lernen hier jährlich etwa 600 Musikschüler aller Altersstufen, erhalten eine fundierte klassische Ausbildung, aber auch musikalische Früherziehung und Unterricht in Gesang und Jazz. Es lohnt sich, die Veranstaltungstermine zu checken, vor allem am Schuljahresanfang und -ende gibt es immer kostenlose Konzerte der Studenten, die für die ganze Familie geeignet sind. Der ursprüngliche Bau wurde mittlerweile abgerissen. Im Neubau hat man vor dem Eingang einen angenehm einladenden Außenbereich gestaltet; auf den Bänken, an dem kleinen ökologischen Pool oder auf den Rasenflächen lassen sich Menschen nieder, um der Musik zu lauschen, die aus den Fenstern herüberweht.

Adresse Louis Marshall Street 25, Tel Aviv-Neuer Norden, www.icm.org.il, Sekretariat Tel. 03/5460524 | **ÖPNV** Bus 24, 25, Haltestelle Yehuda haMaccabi/Ironi Jud Alef, Bus 5, 11, Haltestelle Pinkas/De Haas | **Tipp** Am Kikar Milano, wo die Yehuda haMaccabi Street beginnt, befindet sich eines der beliebtesten Cafés der Gegend, das Zorik. Es ist immer voll – am Wochenende muss man anstehen – und lebt hauptsächlich von seinem Ruf, dass sich hier die Schönen und die Hippen treffen.

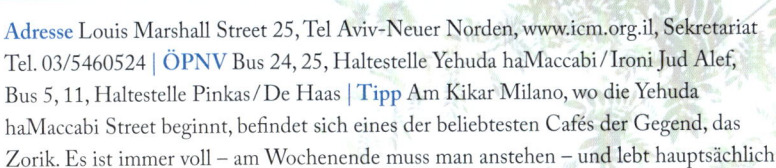

56 Die Kunst im Busbahnhof
Street-Art im siebten Stock

Warum ausgerechnet Tel Aviv den zweitgrößten Busbahnhof der Welt haben muss, ist eines der Rätsel der Stadtplaner. Die Metropole selbst hat schließlich nur gut 400.000 Bewohner, der Großraum Gush Dan 3,4 Millionen. Zum Vergleich: In Delhi, wo heute der größte Busbahnhof steht, und Umgebung wohnen satte 16 Millionen. Seit 1993 ist der neue Zentrale Busbahnhof Tel Avivs in Betrieb. Schon seit seiner Planung in den 1960er Jahren hat er den Niedergang des Neve-Sha'anan-Viertels (s. Seite 146) weiter beschleunigt.

Der Betonkoloss, der von der Straße eher harmlos aussieht, offenbart seine tückische Bauweise erst, wenn man ihn betreten hat und nach dem richtigen Bus oder sonst einem bestimmten Ziel sucht. Über 1.500 Läden und Buden gibt es hier; 29 Rolltreppen und 13 Lifte, die man nur schwer finden kann, sorgen dafür, dass der Besuch anstrengend ist. Schuhe, Klamotten, CDs, Handy-Zubehör und DVDs, Imbisse aller Art, aber auch Einrichtungen wie die Levinsky-Klinik für Flüchtlinge, Synagogen, Kirchen, Sexshops und eine Diskothek sind hier zu Hause. Findet man die Rolltreppen in den siebten Stock, lässt man aber all den Trubel hinter sich und kommt in eine andere Welt. Hier oben, am Terminal Dan, fahren die Busse in die nähere Umgebung ab. Es ist ruhig, es ist sauber und stinkt nicht, die Decke ist hoch, man sieht das Dach und Lüftungsrohre, und: Es gibt Kunst.

»Der siebte Stock« nannte sich eine Ausstellung von Straßenkunst im Juni 2013, die an den Wänden im Terminal Dan entstand. Die Arbeiten sind dortgeblieben, und viele neue sind unterdessen hinzu gekommen. Man kann staunend eine Runde durch die Etage drehen und sich von der Vielfalt der überwiegend israelischen Straßenkunst überzeugen. Teilweise großflächig, teilweise in minutiöser Kleinstarbeit fügen sich die Bilder ganz natürlich in die Atmosphäre ein. Man kann nur hoffen, dass die Ausstellung permanent bleibt.

Adresse Levinsky Street 106, Tel Aviv-Neve Sha'anan | **ÖPNV** alle Linien zum Zentralen Busbahnhof wie 4, 5, 54, 89, Haltestelle Tachana Merkasit | **Tipp** Künstler der Onya-Kollektive arbeiten im Zentralen Busbahnhof an einem Modellprojekt von urban agriculture, zu sehen beispielsweise an der ehemaligen Eingangsrampe zur Neve Sha'anan Straße (mehr unter http://onyacity.com).

57 Die Künstler-Gasse

Durch die Seitenstraßen im »Neuen Norden«

Zwischen der viel befahrenen Pincas Straße mit den Akirov-Hochhäusern und ihren Luxus-Apartments und der bei Café-Gängern sehr beliebten Yehuda haMaccabi Straße gibt es ein paar kleine Straßen, die sich ihren ursprünglichen Charakter bewahrt haben und noch immer ausschließlich aus kleinen einstöckigen Häusern bestehen. Sowohl die Veidat Kattovitz Straße als auch die haRav Friedman Straße sind südlich der Yehuda haMaccabi bescheiden geblieben. Dennoch oder vielmehr gerade deswegen ist das Viertel aber auch zu einem der gefragtesten und teuersten im »Neuen Norden«, wie die Gegend heißt, geworden.

Gebaut wurde hier erst ab 1949, obwohl die Grundlagen schon Mitte der 1930er Jahre gelegt wurden. Der Boden hatte einem Deutschen gehört, der im Zweiten Weltkrieg des Landes verwiesen wurde. Vor allem Arbeiter wohnten hier, aber auch zahlreiche Künstler, und das ist noch heute so; in der Friedman Straße lebt zum Beispiel die Tänzerin Rina Sheinfeld. Damals konnten sich viele keine Wohnung im Zentrum leisten. Die Essenz des ganzen Viertels kommt in der Birenboim Straße, die das Ende der Friedman mit Veidat Kattovitz verbindet, am besten zur Geltung. In dem für den Verkehr gesperrten Abschnitt lebten der Bildhauer Moshe Sternschuss und seine Frau, die Malerin Ruth Zarfati, der Bildhauer Moshe Ziffer und Arieh Merzer, der Bilder in Kupfer schlug. Gedenktafeln erinnern an ihr Wirken.

Die kleine Birenboim Straße ist nach dem Publizisten und Übersetzer Nathan Birnbaum benannt. Und es ist keine Ironie des Schicksals, dass ausgerechnet derjenige, der den Begriff Zionismus prägte, nur eine so kleine Straße abbekommen hat – Birnbaum hatte sich kurz nach dem Ersten Zionistenkongress mit Theodor Herzl überworfen und sich von der Bewegung abgewandt. Am schönsten ist die Gegend im Übrigen im Juli, wenn nämlich die Flammenbäume in der Veidat Kattovitz für gelben Blütenregen sorgen.

בבית זה חי ויצר
האמן
אריה מרזר
תרס"ה - תשכ"ו 1905 - 1966
THE ARTIST
ARIEH MERZER
LIVED & WORKED IN THIS HOUSE

Adresse Birenboim Street, zwischen Zirelson und Veidat Kattovitz Street, Tel Aviv-Neuer Norden | **ÖPNV** Bus 5, 7, 25, Haltestelle Yehuda haMaccabi / Derech Namir | **Tipp** Das Café Buke in der Yehuda haMaccabi Street 37 ist zum neuen Star der Café-Meile im Norden der Stadt geworden. Einfache vegetarische Gerichte werden hier bei moderaten Preisen zur wahren Bio-Delikatesse.

58 Der Leuchtturm

In neuem alten Gewand

Dass es am Hafen von Tel Aviv einen Leuchtturm gibt, scheint eigentlich ganz selbstverständlich. Trotzdem wird er oft übersehen, was wahrscheinlich an seinem großen Nachbarn, dem Reading-Kraftwerk, liegt. Tatsächlich wurde der Leuchtturm schon einige Jahre vor dem Hafen gebaut. Die Briten errichteten ihn 1934/35 an der Mündung des Yarkon-Flusses, um vorbeifahrende Schiffe vor Sandbänken zu warnen. Er ist 17 Meter hoch und blinkte einst alle sieben Sekunden.

Während der Bauarbeiten an dem Leuchtturm entdeckte man die Überreste der Befestigungsanlage Tel Kudadi aus dem 8. Jahrhundert v. d. Z., die seinerzeit zur Bewachung der Einfahrt in den Yarkon-Fluss gedient hatte. Wirklich zu sehen ist davon nichts außer einem kleinen steinigen Hügel – man muss die Phantasie spielen lassen. Mitten darauf steht eine kleine Säule, die genau wie am Hill-Platz (s. Seite 98) daran erinnert, dass die Briten in der Nacht zum 21. Dezember 1917 hier den Fluss überquerten und die osmanischen Truppen besiegten. Der Hafen wurde erst 1936 angelegt, als der allgemeine Streik im Zuge des Arabischen Aufstands den Hafen in Jaffa lahmlegte. 1937/38 wurde schließlich das Reading-Kraftwerk gebaut, neben dem der Leuchtturm optisch nahezu verschwindet. Er war aber bis zur Stilllegung des Hafens 1966 noch im Einsatz.

Seitdem war der Leuchtturm dem Verfall preisgegeben, und der Beton bröckelte vor sich hin. Er diente als Drehort für einige Filme. Vor allem in einer Schlüsselszene des Kultfilms »Blues laChofesh haGadol« (»Blues der großen Ferien«) ist er verewigt. 2011 wurde der Turm umfassend renoviert und wieder mit seinem ursprünglichen Schachbrettmuster angestrichen, das seine Tendenz zum internationalen Stil gut zur Geltung bringt. Die Aussichtsplattform auf dem kleinen Anbau ist leider geschlossen und nur zu bestimmten Gelegenheiten, wie dem jährlichen Event »Häuser von innen«, für Besucher geöffnet.

Adresse Namal Tel Aviv, am nördlichen Ufer des Yarkons | **ÖPNV** Bus 4, 39, 72, Haltestelle Reading | **Tipp** Vom Leuchtturm aus gibt es einen wunderschönen Spazier- und Fahrradweg entlang des neu angelegten Reading-Parks bis zu den nördlichsten Stränden der Stadt, Tel Baruch und Chof haZuk.

59__Die Lodzia-Fabrik

Roter Ziegelbau unter Denkmalschutz

An der Kreuzung Nachmani und Goldberg Straße steht ein dreistöckiges Haus aus roten Ziegeln, das so gar nicht typisch ist für die »Weiße Stadt«. Eher erinnert es an eine englische Fabrik. Und tatsächlich diente das als »rotes Haus« bekannte Gebäude anfangs der Textilfabrikation. Gebaut wurde es 1924 von Akiva Arie Weiss, einem der Stadtgründer Tel Avivs, Architekt war der aus Russland stammende Josef Berlin. Das Haus wurde nach der Firma Lodzia benannt, die als eine der ersten der Stadt Unterwäsche herstellte und deren Gründer aus Lodz stammten.

Jedes der drei Stockwerke hat 370 Quadratmeter, die rote Ziegelfassade wird von zahlreichen hohen Fenstern gesäumt, und auch das Dach ist mit Ziegeln gedeckt. In den 1920er Jahren befand sich die Fabrik nah an der ottomanischen Eisenbahnstrecke zwischen Jaffa und Jerusalem. 1936 zog das Unternehmen, mittlerweile von Arie Shenker geleitet, jedoch nach Holon. Seitdem wurde das Backsteingebäude zunächst von kleinen Handwerksbetrieben und dann als Warenlager genutzt. Während der letzten Jahrzehnte stand es leer und verfiel zunehmend, obwohl es unter Denkmalschutz stand. 2008 wurde schließlich bekannt, dass es von einem Geschäftsmann für 28 Millionen Schekel gekauft wurde und zu Luxuswohnungen umgebaut werden soll. Die Renovierungen am historischen Gebäude haben inzwischen begonnen.

Das Fabrikgebäude ereilt damit das gleiche Schicksal wie schon viele andere denkmalgeschützte Gebäude der Stadt. Einerseits ist die private Übernahme der Sanierung eine große Chance, die Häuser zu retten und wiederherzustellen. Wermutstropfen ist andererseits die Tatsache, dass die Gebäude danach für die Öffentlichkeit unzugänglich bleiben. Hatte die Stadt von den Vorbesitzern noch gefordert, dass ein Drittel der Lodzia-Fabrik für die Öffentlichkeit zugänglich bleiben müsse, wurde diese Einschränkung mittlerweile aufgegeben.

Adresse Nachmani Street 43, Tel Aviv-Stadtmitte | **ÖPNV** Bus 1, 40, 42, 89, Haltestelle Derech Begin / Nachmani | **Tipp** Das Cicchetti an der Ecke Goldberg und Yehuda haLevy Street ist eine Art italienische Tapas-Bar. Die Teller sind aus verschiedenen Gerichten zusammengestellt, alles sehr frisch und lecker, dazu einen Prosecco …

60_Das Margoza

Das beste Brot in der Stadt gibt es in Jaffa

Ja, die beste Pita der Stadt gibt es bei Abulafia. Aber wer richtiges Brot will, der muss ein wenig weiter südlich in die Yehuda Margoza Straße gehen. Dort befindet sich das schlicht nach der Straße benannte Margoza, familiäre Bäckerei und Café. 2009 von Michal, Zafrir und Shai eröffnet, verkauft das Margoza Backwaren im französischen Stil. Alle drei haben bei den besten Konditoren und Bäckern der Stadt gelernt und gearbeitet, bevor sie sich den Traum erfüllten und in Jaffa in unmittelbarer Nähe zum Flohmarkt ihre eigene Bäckerei eröffneten.

Das Viertel hat in den letzten fünf Jahren große Veränderungen durchgemacht, die ganze Straße wurde renoviert, und noch immer wird gebaut, bis zur Yefet hinauf sind viele neue Läden eröffnet worden, überwiegend Design- und Modegeschäfte, aber auch weitere Cafés. Davon darf man sich nicht verwirren lassen, denn das Margoza ist etwas ganz Besonderes.

Das liegt zuallererst einmal an der Qualität der Waren – süßes und salziges Gebäck, Kuchen, Kekse, Konfekt und allen voran Brot. Das echte Vollkorn- und Mischbrot, aber natürlich auch das weiße Brot, Chala und die Semmeln sind allesamt ein Gedicht. Das Dinkelbrot ist mit Abstand das beste in der ganzen Stadt, weil schwer und gehaltvoll, wie nur ein echtes Vollkornbrot sein kann, aber gleichzeitig luftig und gut bekömmlich. Die Brote sind auch in anderen Geschäften über die Stadt verteilt zu beziehen, am besten erkundigt man sich dazu direkt im Margoza. Gebacken wird alles hier vor Ort, die ganze Nacht über, sodass ein himmlischer Geruch durch die Gassen weht.

Im Café gibt es auch belegte Sandwiches, Salate und Quiches, und wer will, kann sich natürlich auch alles mit nach Hause nehmen. Dann verpasst man allerdings die gemütliche Atmosphäre im Café, das klein und intim geblieben ist und Stammkunden von weit her anlockt.

חיטה מלא
דגנים
ללא שמרים
₪ 22

קמח מלא
100%
ללא שמרים
₪ 19

קמח מלא
אגוז'ם
ללא שמרים
₪ 22

שיפון 70%
ללא שמרים
₪ 19

שיפון
70%
₪ 19

DY
₪ 23

Adresse Yehuda Margoza Street 24, Tel Aviv-Jaffa Nord | **ÖPNV** Bus 10, Haltestelle Yefet / Louis Pasteur, Bus 37, Haltestelle Yehuda Margoza / Yefet | **Öffnungszeiten** So – Do 7 – 19 Uhr, Fr 7 – 16.30 Uhr | **Tipp** Ein Besuch auf dem Schuk haPischpischim, einem »stationären Flohmarkt«, lohnt sich immer. Mittlerweile gibt es dort eine schicke Mischung aus alten Kruschläden mit Secondhand, alten Möbeln und echten Antikstücken mit neuen Designershops.

61 __ Der Montefiori-Wasserturm

Kennst du das Viertel, wo die Zitronen blühten?

Knapp ein Dutzend Wassertürme ist heute in Tel Aviv noch erhalten. Sie stammen aus der Zeit, als Brunnen die Wasserversorgung der stetig wachsenden Stadt nicht mehr gewährleisten konnten. Im Montefiori-Viertel sieht man sehr schön, dass die Wassertürme dabei mehr waren als rein praktische Versorgungsinfrastruktur, sondern vielmehr stolze Symbole der Erneuerung jüdischen Lebens in Palästina.

Das Montefiori-Viertel geht auf eine landwirtschaftliche Initiative zurück. Rabbi Jehuda haLevi Margosa hatte 1853 eine Plantage angelegt, die von einem Brunnen aus bewässert wurde. Über diesem Brunnen wurde viel später der Wasserturm errichtet. Zwei Jahre später übernahm der britische Philanthrop Moses Montefiori das Land, welches später seinen Namen erhielt. Anfang der 1920er Jahre wurde hier ein Wohnviertel angelegt, das bis 1943 eine eigenständige Gemeinde war. Seitdem entwickelte es sich immer mehr zu einem Geschäftsviertel. Der Wasserturm entstand 1935. Er ist 15 Meter hoch und fasst 110 Kubikmeter. Der Speicher steht auf sechs Betonpfeilern, die miteinander verbunden sind, sodass man von unten die Form eines Davidsterns sehen kann. Geplant hat den Turm der Ingenieur Jakov Zwanger, der später für tragische Schlagzeilen sorgen sollte. Zwanger wurde 1937 ermordet, seine Leiche in den Dünen von Tel Nof gefunden. Hintergrund war eine den gesamten Jischuw in Atem haltende Affäre um Grundstücksspekulationen.

Heute ist der Wasserturm frisch renoviert. Daneben führen einige Stufen von der Ben Shamai Straße nach oben, am Turm und einer Synagoge mit schönen Glasfenstern vorbei, zur großen Derech Menachem Begin Straße. Das gesamte Montefiori-Viertel ist zurzeit im Umbruch. Sehr viel wurde renoviert und neu gebaut, sodass es derzeit eine eigentümliche Mischung gibt aus neuen Wohnhäusern und heruntergekommenen Autowerkstätten.

Adresse Beit Shamai Street 9, Tel Aviv-Montefiori-Viertel | **ÖPNV** Bus 1, 40, 42, 51, 63, Haltestelle Gescher Kalka/Derech Begin, Fußweg zum Wasserturm zwischen Derech Menachem Begin 100 und 102 | **Tipp** Der Yehudit Boulevard ist zwar nicht so feudal wie seine großen Brüder Rothschild, Chen oder Ben Gurion, aber gerade deswegen charmant. Das Café Montefiori, Sderot Jehudit 21, ist bis 23 Uhr geöffnet und wird abends von der Nachbarschaft als Pub genutzt.

62 Der Mosaikbrunnen

Die Geschichte Tel Avivs in kleinen bunten Steinchen

Nahum Gutman, 1898 in Bessarabien geboren, 1905 mit seiner Familie nach Palästina eingewandert, gehörte zu den Pionieren der modernen Kunst im Land. Ausgebildet an der Bezalel-Kunsthochschule, entwickelte er einen eigenen eretz-israelischen Stil, der sowohl in seinen Landschaftsszenen und Porträts, aber auch in diversen Mosaik-Arbeiten zum Tragen kommt. Eines seiner eindrucksvollen Mosaike ist heute am Anfang des Rothschild-Boulevards zu sehen. Ursprünglich stand es vor dem Beit haIr, dem ehemaligen Rathaus in der Bialik Straße. Die Stadt hatte es bei Gutman in Auftrag gegeben, der »Klein-Tel Aviv«, wie es offiziell heißt, als Brunnen anlegte. Jeweils aus einem Quadratzentimeter großen Glassteinen bestehend, bilden drei große Tafeln in unterschiedlichen Höhen die Mitte, um die herum 15 kleinere Bilder im Kreis angeordnet sind.

Die großen Tafeln zeigen die biblische Geschichte von Jona und dem Wal, das erste Wohnviertel Tel Avivs, Achusat Bait, sowie die Libanonzedern, die König Salomon nach Jaffa bringen ließ. Der äußere Kreis erzählt verschiedene Stationen der Stadtgeschichte und stellt Jaffas Andromeda-Felsen aus der griechischen Mythologie dar, Eroberungen durch Kreuzfahrer und Napoleon, Besuche von Montefiori und Herzl, die in Jaffa von Bord gehenden Einwanderer, Kaffeehäuser in Tel Aviv und die Verlesung der Unabhängigkeitserklärung.

1976 wurde der Mosaikbrunnen aufgestellt und blieb gut 30 Jahre vor dem ehemaligen Rathaus. Im Zuge allgemeiner Renovierungsarbeiten wurde er 2008 im Einvernehmen mit der Familie Gutman abgebaut und fand nach längeren Überlegungen schließlich eine neue, sehr schöne Heimat am Rothschild-Boulevard 3. Dort entstand durch den Neubau eines Hochhauskomplexes ein kleiner Platz, den die Stadt mit Bänken und Liegestühlen einladend zum Verweilen gestaltet hat. Die passende Verpflegung gibt es vom Straßencafé-Kiosk an der Ecke.

Adresse Sderot Rothschild 3, Tel Aviv-Stadtmitte | **ÖPNV** Bus 18, 22, 38, 61, 82,
Haltestelle Migdal Shalom / Ahad haAm | **Tipp** In der Rokach Street in Neve Zedek
liegt das Nahum-Gutman-Museum, das neben Werken von Gutman Wechselausstellungen
zeitgenössischer junger Künstler aus Israel zeigt. Für Kinder gibt es dort regelmäßig
Workshops und Ferienbetreuung.

63 Der Nachal Pardessim

Entlang der letzten Plantagen Tel Avivs

Ausgerechnet im Hightech-Viertel der Stadt kann man zu einem schönen Ausflug in die Natur starten. RAD, Comverse, Radwin und andere Hightech-Firmen haben sich in Ramat haChajal im Nordosten Tel Avivs niedergelassen. Vor allem rund um die Raoul Wallenberg Straße ist ein Geschäftsviertel entstanden, das von verspiegelten Bürohochhäusern geprägt ist. Fährt man hier entlang, ist es schwer vorstellbar, dass nur ein paar Straßen weiter ein Blick auf die letzten Plantagen der Stadt möglich ist.

Am Sackgassenende der Korazim Straße kann man zu einem Spaziergang durch den sogenannten Nachal Pardessim, den »Plantagenfluss«, aufbrechen. Die Bezeichnung wurde aufgrund der Lage gewählt. Am östlichen Ufer des kleinen Flusses, der eigentlich keinen Namen hat, erstrecken sich die letzten Zitrusplantagen im Stadtgebiet. Orangen, Grapefruit und Pomelit, die israelische Kreuzung zwischen Grapefruit und Pomelo, wachsen und duften hier. Die Plantagen sind in Privatbesitz, sodass man eigentlich nichts pflücken darf, aber vielleicht fällt ja die eine oder andere Frucht zufällig vom Baum. Man wandert in feinem Sand, denn das Flussbett ist die meiste Zeit trocken. Nur im Winter, wenn es viel regnet, taucht der Fluss wie aus dem Nichts auf. Etwa 200 Meter lang ist der Abschnitt, der seit einigen Jahren renaturiert wird. Die Uferhänge sind mit heimischen Arten bepflanzt worden, die vor allem von Mitte Februar bis Mitte April herrlich blühen. Es war das Engagement einiger Bürger des Viertels, das dem »Wadi von Neve Sharett«, wie das Flussbett auch genannt wird, zu dieser Wandlung verholfen hat. Erst nach deren Bemühungen entschloss sich die Stadt zu dem Renaturierungsprojekt.

Man kann dem Flussbett Richtung Süden, entlang des großen Parkplatzes von Atidim, einen knappen Kilometer folgen, nach zwei Biegungen sollte man aber wieder umkehren, weil man ansonsten auf die viel befahrene Straße Nummer 4 trifft.

Adresse Ende der Sackgasse Korazim Street, Tel Aviv-Ramat haChajal / Neve Sharett |
ÖPNV Bus 6, 7, 42, Haltestelle Beit El, von dort in 15 Minuten Richtung Nordosten zu
Fuß in die Korazim Street | **Tipp** Auf der Grünfläche gegenüber den Bürogebäuden an der
Raoul Wallenberg Street 30 hat die Stadt einen Reflexologie-Pfad eingerichtet: ein kurzer
Rundweg über verschieden geformte Steine, die in den Beton eingelassen sind. Barfuß
beschritten soll der Pfad die verschiedenen Reflexzonen anregen und damit sicher nicht
nur gestressten Hightech-Mitarbeitern Erholung verschaffen.

64 Das Nalaga'at-Zentrum
Anfassen ausdrücklich erwünscht

Alles begann mit einem Theater-Workshop für Taubblinde, den die aus der Schweiz stammende Regisseurin Adina Tal leitete. Daraus entstand eine einzigartige Verbindung, die dazu führte, dass in Jaffa heute das einzige taubblinde Theaterensemble der Welt zu Hause ist.

Seit 2002 steht die Gruppe unter Tals Leitung und mit Hilfe dezenter Übersetzer erfolgreich auf der Bühne. »Licht hört man im Zickzack« hieß das Stück, das nicht nur in Israel, sondern auch in Europa, den USA und Kanada gefeiert wurde. 2007 bekam das Ensemble ein eigenes Zuhause: Aus einer alten Lagerhalle am Hafen von Jaffa entstand das Nalaga'at-Zentrum. Dreimal die Woche steht die Truppe hier mit einem Stück auf der Bühne.

Aber das Nalaga'at-Zentrum geht noch weiter. Im Café Kapish treffen Besucher auf taube Bedienungen, bei denen man nach einer kleinen Einführung in Gebärdensprache bestellen muss. Die Rollen sind hier auf einmal umgedreht, die Hörenden sind nun diejenigen, die Anleitung und Hilfe benötigen. Das gleiche Prinzip verfolgt das im Zentrum ansässige Restaurant Blackout, wo man angeleitet von blinden Bedienungen im Dunkeln dinieren kann – eine Erfahrung, die alle Sinne anregen wird. Schließlich bietet das Zentrum auch Workshops an, für Firmen, Schulen und andere Gruppen, die an ihren Kommunikationsformen arbeiten wollen – ganz klar die Expertise des Zentrums.

Vor allem die taubblinden Schauspieler leisten Unglaubliches auf der Bühne, sie spielen, musizieren, tanzen, es fällt schwer, sich diese Interaktion in einer Welt, die still und dunkel ist, auszumalen. Auch die Bedienungen im Café und Restaurant lehren den Besucher Proportionen. Alles im Nalaga'at ist dabei von Leichtigkeit im Umgang mit der Behinderung getragen. Der unverkrampfte Zugang und die humorvolle Herangehensweise sind sicherlich die Hauptgründe für den Erfolg des Zentrums.

Adresse Retsif haAlija haSchnija Street, Tel Aviv-Jaffa Hafen, http://nalagaat.org.il | **ÖPNV** Bus 37, Haltestelle Namal Jaffo/Yehuda haYamit, Bus 10, Haltestelle Yefet/ Louis Pasteur, von dort durch die Yehuda haMargoza Street zum Hafen hinunter | **Öffnungszeiten** Ticket- und Tischbestellungen online | **Tipp** Einige Schritte südlich vom Zentrum, am Durchgang zum Hafen selbst, ist im Boden ein großer Marmorkreis eingelassen, der Entfernungen angibt: von Jaffa nach Tel Aviv 5 Kilometer, Gaza 65 Kilometer, Haifa 88 Kilometer, Amman 110 Kilometer …

65 Das Nanuchka

Auch ohne Lamm-Kabab brummt der Laden

Dass georgische Küche hip ist, hat Nana Shrier schon seit Langem bewiesen. Jetzt muss sie zeigen, dass georgisch und vegan kompatibel sind, denn seit Februar 2014 wird in ihrem Restaurant Nanuchka auf tierische Produkte verzichtet. Seit seiner Eröffnung vor über zehn Jahren ist das Nanuchka zu viel mehr als nur einem gut besuchten Restaurant und einer beliebten Bar geworden. Es ist eine richtige Institution, die vor allem vom Stil und Einfallsreichtum ihrer Gründerin lebt.

Diesen verkörpert zunächst einmal das Ambiente. Im Nanuchka fühlt man sich wie in eine andere, längst vergangene Zeit zurückversetzt. Das ganze Restaurant ist gemütlich, aber sehr stilvoll und mit viel Liebe zum Detail eingerichtet. Vor einiger Zeit musste das Nanuchka umziehen, von einem denkmalgeschützten Haus in ein neues Gebäude mit Glasfassade. Aber auch hier lassen einen Gemälde an den Wänden, Vitrinen mit allerlei Schnickschnack, Fliesen-Mosaikboden, gemütliche Stühle und Lehnsessel und natürlich die Blümchenteller vergessen, wo man ist.

Das Nanuchka war bekannt für die ausgelassene Stimmung, die immer Gäste auf der Bar tanzen ließ. Dazu wurden saftige Lamm-Kababs vertilgt, und der Alkohol floss in rauen Mengen. Dann die große Überraschung: Nana kündigte an, komplett auf vegan umzustellen. Damit war das Nanuchka die erste etablierte Institution, die einen solchen Schritt machte, und ein Beweis dafür, wie sehr die vegane Lebensweise in Israel auf dem Vormarsch ist. Die Chinkali-Teigtaschen mit Lammfleisch wurden durch Chinkali mit Tofu ausgetauscht, das Chatschapuri – traditionelles georgisches Brot aus Hefeteig mit saurer Sahne, Eiern und Käse gefüllt – kommt jetzt auf Sojabasis, und der Kabab ist nicht mehr aus Lamm, sondern aus Artischocken. Damit ist am Ende jeder zufrieden – und der Alkohol fließt weiter in rauen Mengen, und es wird weiter auf der Bar getanzt.

Adresse Lilienblum Street 30, Tel Aviv-Stadtmitte, Tel. 03/5162254 | **ÖPNV** Bus 3, 31, 72, Haltestelle Allenby/Sderot Rothschild, Bus 4, 16, Haltestelle Allenby/Lilienblum | **Öffnungszeiten** täglich 12–5 Uhr, es empfiehlt sich, einen Tisch zu reservieren | **Tipp** Die Lilienblum Straße ist eine Ausgehmeile, wo eine Bar sich an die andere reiht. Vom stylishen Cocktailclub bis zur rustikalen Pick-up-Bar ist alles dabei.

66___Der Nechushtan

Der mythischen Schlange nachspüren

Das Eretz-Israel-Museum in Ramat Aviv, 1958 gegründet, gehört zu den wichtigsten Museen des Landes. Es beherbergt überwiegend archäologische und ethnisch-folkloristische Sammlungen und eignet sich wegen seines großzügigen Außenbereichs auch für einen Besuch mit Kindern. Einer der faszinierendsten Pavillons ist der »Nechushtan«, der die Geschichte von Kupferabbau und -nutzung im antiken Israel zeigt.

Das reichste Abbaugebiet für Kupfererz in der Region befand sich in Timna, etwas nördlich des heutigen Eilat, inzwischen ein Nationalpark. Doch das waren nicht die in der Bibel beschriebenen Kupferminen König Salomons, wie lange angenommen wurde. Erst seit großen archäologischen Ausgrabungen seit den 1960er Jahren weiß man, dass es vielmehr Ägypter und Midianiter waren, die hier seit dem 14. Jahrhundert v. d. Z. Minen zur Förderung des Kupfererzes errichteten, teilweise bis zu 30 Meter tief, die im Museum nachempfunden sind. Von den ausgestellten Schmelzöfen zur Kupfergewinnung stammt einer von den Ausgrabungen in Timna, die übrigen sind rekonstruiert. Schautafeln erklären, wie der komplizierte Vorgang der Kupfergewinnung vor gut 3.000 Jahren funktionierte.

Bevor die Ägypter Timna verließen, errichteten sie einen Tempel für die Göttin Hathor, den später die Midianiter zu einem eigenen Kultort umfunktionierten. Bei den Ausgrabungen wurden neben Gebrauchsgegenständen, wie Werkzeugen, Waffen und Schmuck aus Kupfer, Vasen und Statuen, auch zahlreiche Kultgegenstände gefunden, die in der Ausstellung zu sehen sind. Darunter auch immer wieder eine Schlange aus Kupfer. Diese mythische Symbolfigur kann mit jenem Schlangenstab in Verbindung gebracht werden, der in der Bibel Moses zugesprochen wird und der später im Tempel aufgestellt wurde. Ihr Name setzt sich aus den hebräischen Wörtern für Schlange, nachasch, und Kupfer, nechoschet, zusammen: Nehushtan.

Adresse Museum Eretz Israel, Chaim Levanon Street 2, Tel Aviv-Ramat Aviv | **ÖPNV** Bus 7, 13, 25, 45, 127, Haltestelle Planetarium/Chaim Levanon, Reading/Brodetzky in der Gegenrichtung | **Öffnungszeiten** So–Mi 10–16 Uhr, Do 10–20 Uhr, Fr, Sa 10–14 Uhr | **Tipp** Das »Anina« im Museum, täglich von 9 Uhr morgens bis Mitternacht geöffnet, ist nicht nur weit und breit das einzige Café der Gegend, sondern hat mit seiner Mischung aus sehr leckeren israelischen und italienischen Gerichten für jeden etwas passendes.

67_Die Negativ-Bäume

Das Rabin-Center von unten aus erkunden

Auf einem Hügel in Ramat Aviv mit herrlichem Ausblick auf den Yarkon-Park und den Norden der Stadt steht das Jitzhak-Rabin-Zentrum. Schon von weit her ist das wenig bescheidene Gebäude zu sehen. Zehn Jahre nach der Ermordung Jitzhak Rabins eröffnet, sind dort sein Archiv sowie eine Bibliothek und ein Forschungszentrum untergebracht. Das Museum wurde später eingeweiht und nennt sich offiziell »Das Israelische Museum«. An zehn Stationen werden mit vielen Fotos und Filmmaterial parallel die Geschichte des Staates Israel und die persönliche Biografie Rabins erzählt, durchaus selbstkritisch und entlang der historischen Wendepunkte des Landes. Das Museum gehört zum Besuchsprogramm von Schülergruppen und Soldaten.

Der Eingang ist durch die Chaim Levanon Straße zu erreichen, aber wer nicht mit dem Auto fährt, kann auch über die Südseite durch den Park kommen. Eine Fußgängerbrücke macht es möglich, die viel befahrene Rokach Straße zu überqueren. Den Fußweg zum Museum säumen unscheinbar und doch eindrucksvoll Landschaftsskulpturen eines der wichtigsten Künstler des Landes, der auch international sehr bekannt ist: die Negativ-Bäume von Menashe Kadishman.

1932 in Tel Aviv geboren und im Mai 2015 hier verstorben, war der Maler und Bildhauer nicht nur für seine Schafe bekannt, sondern auch für seine aus dünnen Stahlplatten geschnittenen Skulpturen. Sein Werk ist grundsätzlich von einer intensiven Auseinandersetzung mit der Natur durchzogen. Die Negativ-Bäume, in Stahl geschnittene Silhouetten von Laubbäumen, sind auch im Sportpark Duisburg und im Philbrook Museum of Art in Tulsa, USA, zu sehen. Hier in Tel Aviv stehen sie zwischen echten Palmen und Olivenbäumen in ihrer scheinbar natürlichen Umgebung. Das Spiel mit dem negativen Raum gibt den Blick wie ein Fenster frei. Die acht Tafeln schaffen so jeweils unterschiedliche Ansichten auf das dahinterliegende Museum.

Adresse Chaim Levanon Street 8, www.rabincenter.org.il | **ÖPNV** Bus 22, 89, Haltestelle Merkas Rabin / Sderot Rokach | **Öffnungszeiten** So, Mo, Mi 9–15.30 Uhr, Di, Do 9–17.30 Uhr, Fr 9–12.30 Uhr; der Besuch muss angemeldet werden unter Tel. 03/7453313 | **Tipp** Direkt neben dem Rabin-Center an der Chaim Levanon Straße liegt das Palmach-Museum, das zwar ein sehr eigenwilliges Ausstellungskonzept zur vorstaatlichen Elitekampftruppe hat, aber dennoch einen Besuch wert ist. Auch hier muss man sich anmelden unter www.palmach.org.il.

68 Das Neve-Schechter-Zentrum

Vom historischen Café zum Kulturzentrum mit Synagoge

Es waren vor allem die Vision und Hartnäckigkeit von Rabbiner Roberto Arbib, die 2012 zur Gründung des »Legacy Heritage Center for Jewish Culture Neve Schechter« führten. Seit über 20 Jahren in Neve Zedek ansässig, hatte er seit Langem ein Auge auf ein historisches Gebäude geworfen, das viele Jahrzehnte leer stand. Das Haus an der Ecke Eilat und Shlush Straße wurde 1886 durch den deutschen Templer Franz Lorenz gebaut, der in der American Colony (s. Seite 20) lebte.

Bar-Mizwa, Hochzeiten und sogar Stummfilmvorführungen fanden regelmäßig im Lorenz-Haus statt, in den 1930er Jahren auch Versammlungen der ortsansässigen deutschen Nazi-Anhänger. Im Erdgeschoss und Garten waren ein Café und ein Wirtshaus untergebracht. Die Lage zwischen dem jüdischen Neve Zedek und dem arabischen Jaffa und die Tatsache, dass das Haus von deutschen Templern betrieben wurde, schufen eine einzigartige Atmosphäre, an die sich alteingesessene Tel Aviver noch mit Wehmut erinnern. Im Zweiten Weltkrieg diente das Haus als Club für die britische Armee und nach 1948 als Club für das israelische Militär.

Die Restaurierung war ein langer Prozess, der sich aber gelohnt hat. Wunderschön wurde das Haus modernisiert und gleichzeitig mit seinen ursprünglichen Details belassen. Gewölbe und Mosaik-Fliesenboden versetzen die Besucher in eine andere Zeit. Rabbiner Arbib verwirklicht hier seine Vision eines lebendigen Kulturzentrums, das der Masorti-Strömung im Judentum verpflichtet ist. Wöchentlich gibt es Workshops, Ausstellungen, Veranstaltungen für Kinder, und das Café Lorenz kann man für Hochzeiten und Bar-Mizwas buchen. Auch die in Neve Schechter untergebrachte, sehr schön gestaltete Synagoge wird nach den Gebräuchen des konservativen Judentums betrieben. Männer und Frauen beten und sitzen hier beispielsweise gemeinsam, wodurch sich auch viele säkular lebende Israelis angezogen fühlen.

Legacy Heritage Center
for Jewish Culture

Adresse Shlush Street 42, Tel Aviv-Neve Zedek, E-Mail office@neve.org.il, www.neve-schechter.org.il | ÖPNV Bus 40, 41, Haltestelle Eilat / Shlush | **Öffnungs-zeiten** Veranstaltungsprogramm auf der Homepage unter »Exhibits« | **Tipp** Richtung Norden kommt man bald auf die kleine Shlush-Brücke, einst die erste Brücke der Gegend. Die darunterliegende Freifläche ist die Trasse der ehemaligen historischen Zugstrecke von Jaffa nach Jerusalem, von der nun wieder etwa ein Kilometer als Trasse für die im Bau befindliche Stadtbahn genutzt wird.

69 Die Neve Sha'anan Straße

Fußgängerzone durch das andere Tel Aviv

Im Süden der Stadt, rund um den Zentralen Busbahnhof (s. Seite 120), liegt eine der heruntergekommensten Problemgegenden Tel Avivs. Heute leben hier Tausende Gastarbeiter und afrikanische Flüchtlinge. Von Stadtverwaltung und Regierung viel zu lange missachtet, hat sich hier ein prekärer sozialer Brennpunkt gebildet, der zu einer tiefen Kluft zwischen Alteingesessenen und Flüchtlingen geführt hat.

Das Viertel wurde infolge der Unruhen von 1921 gegründet, als jüdische Bewohner aus Sorge vor weiteren pogromähnlichen Gewaltakten Jaffa verließen. 400 Menschen schlossen sich zu einer Gemeinschaft zusammen, die sich Neve Sha'anan nannte, und erwarben eine große Plantage, auf der ein neues Wohnviertel entstehen sollte. Der Bebauungsplan sah Straßen und Grünanlagen vor in Form einer Menora, dem traditionellen jüdischen Leuchter. Dies konnte letztlich nicht komplett umgesetzt werden, aber ein Blick auf den Stadtplan von Tel Aviv zeigt deutlich einen Teil dieser Menora. Zwischen den in einem Bogen verlaufenden Parallelstraßen zwischen Levinsky und Salomon Straße liegt auch die Neve Sha'anan Straße, die heute eine Fußgängerzone ist.

Von den einst typischen Häusern des Viertels kann man hier immer noch einige sehen, sowohl ganz kleine, ursprünglich nur aus zwei Zimmern bestehende, wie an der Ecke Rosh Pina, als auch schlichte im internationalen Stil erbaute, wie das Karmin-Haus in der Nummer 23. Allen gemeinsam ist, dass sie furchtbar heruntergekommen sind und Geschäfte beherbergen, die die ganze Vielfalt der Nationen widerspiegeln, die hier aufeinandertreffen. Am besten kommt man am Freitagnachmittag, um das bunte Treiben anzusehen. Wenn es im restlichen Tel Aviv still wird, ist hier am meisten los. Wie auf einem offenen Markt werden dann Waren auf Teppichen zum Verkauf angeboten, von Elektrokleinteilen über Gewürze, Spielsachen bis zum gestohlenen Fahrrad.

Adresse Neve Sha'anan Street, Tel Aviv-Neve Sha'anan | **ÖPNV** alle Linien zum Zentralen Busbahnhof, wie 4, 5, 54, 89, Haltestelle Tachana Merkasit | **Tipp** Der Levinsky-Park ist Treffpunkt, Anlaufstelle und oft auch Wohnort vieler Flüchtlinge. Rund um die von Freiwilligen aufgebaute Bibliothek und ihre Projekte im Park kann man sich gut ein Bild von der Lage machen.

70_ Das Noga-Viertel

Zwischen Kaffeerösterei und jungen Designern

Eine der Gegenden, die sich in den letzten Jahren am meisten verändert haben, ist das Noga-Viertel im nördlichen Jaffa. Spektakuläre Renovierungen und Neubauten zwischen dem Jerusalem-Boulevard und der American Colony leiteten die Gentrifizierung dieser Gegend ein. Noch immer gibt es auch verfallene Häuser und Ecken, aber der Trend ist nicht mehr aufzuhalten. Rund um den kleinen Segula-Platz und in den Seitenstraßen entstanden zahlreiche Design-Geschäfte, die das Noga-Viertel zum Eldorado schöner Dinge machen.

Überwiegend sind es Mode-, Schmuck- und Schuh-Designläden, aber auch Möbel und andere Einrichtungsgegenstände findet man hier neben kleinen alten Werkstätten von Schneidern und Polsterern. Dabei treffen nicht unbedingt zwei Welten aufeinander, denn viele der jungen israelischen Designer haben in den Geschäften auch ihre Studios, das heißt, sie arbeiten täglich handwerklich vor Ort, und man kann ihnen teilweise dabei über die Schulter schauen.

Die Gegend ist nach dem Noga-Saal am Jerusalem-Boulevard benannt, wo früher einmal ein Kino stand. Eröffnet wurde es schon 1922, damals noch unter dem Namen seiner arabischen Besitzer Nabil. Nach 1948 wurde daraus das Noga Kino. Heute ist dort das Gesher Theater untergebracht, das 1991 von russischen Einwanderern ins Leben gerufen wurde. Gespielt wird ein breites Repertoire, die Inszenierungen sind in Hebräisch, aber mit russischen und englischen Untertiteln versehen.

Am Segula-Platz im Zentrum des Noga-Viertels trifft man sich vor allem am Freitagvormittag. Dann kommen nicht nur die Anwohner, sondern Besucher aus der ganzen Stadt, denn hier das Wochenende einzuläuten ist definitiv hip. Den passenden, ausgezeichneten Kaffee dazu gibt es in der von einem Deutschen und seiner israelischen Frau betriebenen Kaffeerösterei Cafelix, und die Kinder kann man unterdessen auf dem kleinen Spielplatz rutschen lassen.

Adresse Ruchama, Sgula, Tirtsa Street und Querverbindungen, Tel Aviv-Jaffa Nord | **ÖPNV** Bus 11, 18, 37, Haltestelle Prof. Kaufmann / Goldman | **Tipp** Das Avni-Institut in der Eilat Street ist Tel Avivs älteste Kunstschule. 1936 gegründet, gehört sie zu den renommiertesten Einrichtungen des Landes. Jeden Juli werden in den Ausstellungsräumen, Eilat Street 23, die Arbeiten der Abschlussklassen aller Fachrichtungen gezeigt.

71__Oranger Suspendu

Wo die Jaffa-Orange schwebt

In den verwinkelten Gassen der Altstadt Jaffas gibt es viel Kunst zu entdecken. Eine Galerie reiht sich an die nächste, und wer sich bis ans südöstliche Ende durchschlägt und die Masal Arie Straße entlanggeht, der sieht durch einen Torbogen einen Baum, der gut einen Meter über dem Boden schwebt.

Der Oranger Suspendu ist eine Landschaftsskulptur von Ran Morin, die 1993 dort angebracht wurde. Aus einem Samen-ähnlichen Gefäß, das mit Drahtseilen an den umliegenden Häusern befestigt ist, wächst der Baum heraus und schaukelt bei Berührung zaghaft hin und her.

Die Arbeit erinnert an die Herkunft der Jaffa-Orange, eigentlich Shamouti-Orange, die seit Mitte des 19. Jahrhunderts in Palästina angebaut und schnell zum Exportschlager wurde. Sie wird oft als verbindendes Element zwischen den arabischen und jüdischen Bewohnern in Palästina gesehen, da beide Bevölkerungsgruppen von ihrem Anbau lebten. Die Plantagen rund um Jaffa sind längst verschwunden, heute ist der Export in israelischer Hand.

Der schwebende Baum setzt der Jaffa-Orange ein Denkmal, gleichzeitig ist Morins Arbeit aber auch ein Symbol für das moderne Leben, in dem Mensch und Natur getrennt sind und in dem Natur etwas Künstliches ist. Der Orangenbaum dient als Metapher für den modernen Menschen, der gleichzeitig verwurzelt und entwurzelt in eine unklare Zukunft wächst. Seine Pflege ist nicht so einfach, er braucht die richtige Erde und muss behutsam bewässert werden, um zu überleben, ein wenig wie im Weltall, so Morin. Gleichzeitig hat der Künstler, der noch andere schwebende Bäume kreiert hat, den Oranger Suspendu so geschaffen, dass er ganz natürlich in der kleinen Gasse schwebt, so als könnte es gar nicht anders sein. Eine kleine blaue Bank lädt zum Verweilen ein, sodass man den Baum, der oft von geführten Gruppen besucht wird, auf jeden Fall ganz für sich haben kann.

Adresse an der Verbindung von Masal Arie und haTsorfim Street, Tel Aviv-Jaffa Altstadt | **ÖPNV** Bus 10, Haltestelle Yefet / Louis Pasteur, von dort Richtung Hafen durch die Louis Pasteur und rechts in die Altstadt durch die Masal Te'omim Street | **Tipp** Am Anfang der Masal Dagim Street liegt das Ilana-Goor-Museum, das Skulpturen, Fotografien und viele andere Designarbeiten von Ilana Goor und anderen teils sehr bekannten israelischen Künstlern in einem historischen Gebäude mit besonderem Flair zeigt.

72 Das Ost-West-Haus

Wo Musik ganze Welten verbindet

Ein ganz besonderes Projekt ist in einem alten Haus in einer unscheinbaren Seitenstraße in Jaffa untergebracht, und es hätte dafür keinen passenderen Ort geben können. Musik aus Ost und West ist hier zu hören, Musiktradition der persischen und bucharischen Juden, türkische und afrikanische Klänge, Piutim, also liturgische Dichtung, die gesungen wird, Flamenco und vieles mehr. Immer in einer besonderen Mischung, die eine Verbindung zwischen den östlichen Klängen und der westlichen Welt schafft, etwa durch Einflüsse klassischer Musik oder Jazz.

Der Mann hinter dieser Haus-gewordenen Vision ist Israel Borochov, einer der wichtigsten Musiker der israelischen Szene für Weltmusik. In Tel Aviv in eine Familie bucharischer Juden geboren und in Tiberias aufgewachsen, brachte sich Borochov selbst das Spielen bei, diente später als Bassist in einer der legendären Armee-Bands und gehörte Ende der 1970er Jahre zu den Mitbegründer der bekannten Gruppe »haBrira hativit«.

Mitte der 1980er Jahre gründete Borochov das »Ost West Ensemble«, das jüdische Musik aus aller Welt, vor allem aber aus Asien und Afrika verband. Mit dem Ost-West-Haus hat nicht nur das Ensemble seit knapp zehn Jahren ein festes Zuhause. Hier in Jaffa kommen die unterschiedlichsten Formationen auf die Bühne, wahre Perlen der Weltmusik, die nicht selten hier ihre neuen Shows vorstellen. Auch der große Hof wird für Konzerte und Festivals genutzt.

Eigentlich ist schon das Gebäude einen Besuch wert. Die große Eingangshalle dient als Zuschauerraum, die Bühne ist ein drei Treppen höher gelegener offener Bereich, der durch drei Bögen abgeteilt ist. Der Boden ist mit wunderschönem authentischen Mosaik, wie in alten arabischen Häusern in Jaffa üblich, ausgelegt. Das Haus war ursprünglich Teil eines Krankenhauses, das der arabische Arzt Dr. Fuad Dajani 1933 als erste private Klinik in Jaffa gründete.

Adresse Dr Erlich Street 16, Tel Aviv-Jaffa/Zahalon, https://www.facebook.com/
mizrachmaarav | **ÖPNV** Bus 1, 25, 40, 42, Haltestelle Sderot Jerushalajm/Dr. Ehrlich | **Tipp**
An der gegenüberliegenden Ecke von Sderot Jeruschalajm, in der Nes leGojim Street 1, liegt
ein kleiner unscheinbarer Friseursalon, der aber weithin bekannt ist. Hier werden Männer
ganz traditionell bedient. Nach dem Haupthaar widmet sich Rami der Rasur ausschließlich
mit dem Messer, Haare in den Ohren entfernt er mit Feuer und Nasenhaare werden ge-
wachst. Vorsicht, es kann schmerzhaft werden …

73__Die Pasáž-Bar

Auf ein Bier in die Unterwelt

Die Pasáž-Bar heißt nicht nur so, sondern befindet sich tatsächlich in einer (Untergrund-)Passage, tagsüber ein reichlich trostloser Ort längst vergangener Geschäftigkeit. An dem Gebäude in der Allenby Straße 94 fällt vor allem die breite Treppe auf, die nach unten führt. Früher gab es hier Bücher- und Haushaltswarenläden, heute wird in den Schaufenstern eine Briefmarken-Ausstellung angepriesen – von der alten Geschäftigkeit keine Spur. Ein paar kleine wackelige Tische stehen auch dort, an denen man den Kaffee eines kleinen Kiosks trinken kann.

Nachts jedoch findet eine Metamorphose statt. Dann wird die unterirdische Passage zu einem der hippsten Orte der Stadt, zur Pasáž-Bar. Meistens ist die Treppe dann abgeschlossen und der Eingang hinten herum. Der Kiosk verkauft neben Alkohol bezahlbares japanisches Streetfood, die Tische vermehren sich deutlich, und die schwarze Tischtennisplatte im Hintergrund kommt zum Einsatz. Keine Aircondition, sondern nur ein paar Deckenventilatoren und viel elektronische Musik sorgen für dampfige Stimmung.

Gegründet von der Partygruppe Nylon und dem Team von Radio EPGB, einer anderen unterirdischen Musikbar in einer Seitenstraße des Rothschild-Boulevards, hat sich die Pasáž-Bar weiterentwickelt und ist vor allem auch Veranstaltungsort für Konzerte verschiedenster Musikrichtungen, Kunstevents und Modern-Dance-Shows. Längst ist sie kein kurioses Exotikum mehr, sondern lockt auch bekanntere Künstler an, die im unbeschwerten Ambiente auftreten. Das Publikum an den bunt zusammengewürfelten Tischen und Stühlen, denen man beschönigend Vintagestyle attestieren kann, ist entsprechend nicht mehr ganz jung, was die Pasáž zur perfekten Ausgeh-Location auch für das über 30-jährige Publikum macht, das gerne sein Bier mit einer Prise Kultur würzt. Richtig kultig sind übrigens die Toiletten in der Pasáž – definitiv auch tagsüber einen Besuch wert.

Adresse Allenby Street 94, Tel Aviv-Stadtmitte, www.facebook.com / PasazAllenby |
ÖPNV Nachtlinien 416, 418, 463, Haltestelle Beit haKnesset haGadol / Allenby,
Gegenrichtung: Allenby / Maze | **Öffnungszeiten** unregelmäßig, einfach auf gut Glück
vorbeischauen | **Tipp** Wer es lieber gediegen hat, findet einige Häuser weiter das stylishe
Tailor Made. Die Bar ist in einem alten Fabrikhaus untergebracht und legt viel Wert auf
die Innenausstattung. Das Tailor Made hat sehr gutes Essen und eine Auswahl selbst
kreierter Cocktails.

74_Das Pri-Or-Photo-Haus

Charmante Nostalgie in Schwarz und Weiß

70 Jahre lang war in der Allenby Straße 30 eine »Zalmania« zu finden, ein Fotogeschäft, wo man Porträtaufnahmen machen konnte. Inhaber Rudi Weissenstein gehörte zu den bekanntesten Fotografen des Landes. 1910 in Iglau in Mähren geboren, kam er 1936 nach Palästina. Hier traf er Miriam Arnstein, die ebenfalls aus der Tschechoslowakei stammte. Sie heirateten und eröffneten gemeinsam 1940 das Pri-Or-Photo-Haus. Miriam leitete den Laden nach Rudis Tod weiter und war, bis sie im Sommer 2011 mit 98 Jahren verstarb, unermüdlich jeden Tag dort anzutreffen. Enkel Ben Peter hat mittlerweile das Geschäft übernommen.

Weissensteins Archiv enthält über eine Million Negative, die zwischen den 1930er und 70er Jahren entstanden. Sein berühmtestes Bild: die Ausrufung des Staates Israel, zu der er als einziger Fotograf eingeladen war. Seine Fotos zeigen aber vor allem den Alltag und das soziale und kulturelle Leben in Tel Aviv, welches so nicht mehr existiert. Mit Nostalgie erkennt man die Strandpromenade, bevor sie von Hochhäusern gesäumt wurde, den Dizengoff-Platz, als er noch nicht von der Brücke verbaut war, und die erste zentrale Bushaltestelle, wesentlich gemütlicher als heute, aber auch Szenen aus dem kulturellen Leben der Stadt und Porträts bekannter Persönlichkeiten. Im Laden kann man durch Postkarten, Drucke und Fotobücher blättern, mit Ben Peter plaudern und einen Teil des Original-Archivs bestaunen. Dessen hat sich mittlerweile die Nationalbibliothek angenommen und mit der Digitalisierung der Negative begonnen.

Dass das Photo-Haus jetzt nicht mehr in der Allenby Straße, sondern in einer Seitenstraße zu finden ist, liegt am vergeblichen Kampf von Miriam Weissenstein gegen den Abriss des Hauses, der unter anderem in dem großartigen Dokumentarfilm »Life in Stills« erzählt wird. Doch der Umzug hat dem besonderen Flair des Photo-Hauses keinen Abbruch getan.

Adresse Tchernikhovski Street 5, Tel Aviv-Stadtmitte | **ÖPNV** Bus 3, 17, 19, 22, 31, Haltestelle Allenby/Yona haNavi, Gegenrichtung: Allenby/Geula | **Öffnungszeiten** So–Do 10–18 Uhr, Fr 10–13 Uhr | **Tipp** Gleich um die Ecke, an der Kreuzung von Allenby und Bialik Street, liegt das Café Bialik, wo man gut essen und das Treiben auf der Allenby beobachten kann. Das Café hat jeden Abend Livemusik mit bekannten und neuen Künstlern im Programm.

75_Der Rambam-Platz

Was ist eigentlich eklektischer Stil?

Die Fußgängerzone der Nahalat Binyamin Straße ist für ihre Stoffgeschäfte und den dienstags und freitags stattfindenden Künstlermarkt bekannt. Für die wahre Attraktion jedoch sollte man ein wenig den Blick heben: Dann nimmt man die architektonischen Perlen wahr, die hier versammelt sind und die man am besten vom Rambam-Platz aus erkundet, der Kreuzung der Nahalat Binyamin und der Rambam Straße.

Das Viertel wurde gleichzeitig mit der Achusat Bait gegründet, schloss sich aber erst gut zwei Jahre später mit Tel Aviv zusammen. Die Häuser stammen überwiegend aus den 1920er Jahren und sind im eklektischen Stil gebaut, also zusammengewürfelt aus verschiedenen Einflüssen. Dabei hat vor allem der Jugendstil gut sichtbare Spuren hinterlassen. So zum Beispiel am imposanten haAmudim-Haus in der Rambam Straße 12 – 16, nach den Säulen benannt, die seine Fassade dominieren. Als es 1927 erbaut wurde, war es eines der größten Wohnhäuser in Tel Aviv. Heute beherbergt es einen der angesagtesten Jazz-Clubs der Stadt (Beit Haamudim) mit täglichen Live-Konzerten. Gegenüber liegt das haKadim-Haus, ebenfalls nach seiner Fassade benannt, die von griechisch aussehenden Tonvasen geziert wird. Architekt Seev Rechter wurde später einer der wichtigsten Vertreter des internationalen Stils im Land. Angeblich war er auf das haKadim, das er noch vor seiner Reise nach Rom und Paris geplant hatte, nicht unbedingt stolz.

Das Gebäude in der Nahalat Binyamin 18 südlich des Platzes hat eine interessante Vergangenheit in der Entwicklung der Stadt. Das Haus wurde in verschiedenen Schritten seit 1913 gebaut und war zuerst ein Hotel, nach seinem Besitzer Spektor benannt. Nach dem Ersten Weltkrieg wurde von drei Künstlern darin eine Zeichenschule eröffnet, darunter Nahum Guttman (s. Seite 132). Zwischen 1921 und 1926 war hier das Hadassah-Krankenhaus untergebracht, das erste Krankenhaus in der Stadt.

Adresse Kreuzung von Nahalat Binyamin und Rambam Street, Tel Aviv-Stadtmitte | **ÖPNV** Bus 17, 18, 23, 25, Haltestelle Allenby/Balfour, Bus 61, Haltestelle Allenby/Maze | **Tipp** Einer der schönsten Stände am Künstlermarkt gehört der Fotografin Orit Bechar, die ihre Bilder von Graffitis und Street-Art aus Tel Aviv auf Holz gedruckt verkauft. Die kleinen Schmuckstücke sind die perfekte Erinnerung an Tel Aviv und seine Straßen. Der Stand findet sich ein paar Schritte südlich des Rambam Platzes an der Einmündung der Mohiliver Street. (www.orit-art.com)

76 Die Rathauslobby

Tel Aviv von seiner kinderfreundlichsten Seite

Denkt man an Tel Aviv, denkt man nicht unbedingt an eine Stadt für Kinder. Nachtleben, Sonnenbaden, Hightech-Industrie, definitiv nichts für Knirpse. Aber in Tel Aviv lebt es sich auch als Familie gut. Die Stadt bemüht sich, und wo nachgeholfen werden muss, machen Eltern-Parteien und Facebook-Gruppen intensive Lobbyarbeit. Seit einiger Zeit zeigt sich Tel Aviv noch kinderfreundlicher: Jeden Donnerstag, zwischen 16 und 19 Uhr, öffnet das Rathaus seine Türen zu einem ausgelassenen Spielenachmittag. Der Eingang sieht dann aus wie ein Kinderwagenfuhrpark. Und fährt man mit der Rolltreppe nach oben, traut man seinen Augen nicht: Die Schalter sind geschlossen und mit einem Band abgesperrt, und die gesamte Lobby, wo man sonst Schlange steht, um seine Grundsteuer oder den leidigen Strafzettel zu bezahlen, wird zu einer riesigen Spielfläche.

Die Organisatoren haben Spiele von früher zusammengetragen, Spiele, die die heutige iPad-Generation oft gar nicht mehr kennt. Egal, wie Tablet-süchtig die Kleinen sind, auf einmal haben sie hier Spaß an Tischfußball, Kegeln, Riesen-Bauklötzen, einem überdimensional großen »4 gewinnt« und Schaukelpferden. Dazu gibt es immer auch eine kleine Theatervorführung, Schminken und Ballone.

Es ist wunderbar zu sehen, wie das Gebäude der Stadt – ein unschöner Betonkoloss, den der damals noch junge Architekt Menachem Cohen Mitte der 1950er Jahre der damaligen Zeit entsprechend plante – von den Kindern eingenommen wird. In einer europäischen Stadt ist dieses Durcheinander in einem Verwaltungsgebäude schwer denkbar. Natürlich gibt es immer etwas zu verbessern, natürlich gibt es ernsthafte Notstände zu bewältigen, denn Gruppen mit 35 Kindergartenkindern sind zu groß, Klassen mit 40 Schülern genauso. Aber dennoch, die Stadt bemüht sich, und die Donnerstagnachmittage sind dafür der beste und auch lautstarke Beweis.

Adresse Lobby des Rathauses, Ibn Gvirol Street 69, Tel Aviv-Alter Norden | **ÖPNV** Bus 9, 25, 189, Haltestelle Iriat Tel Aviv / Ibn Gvirol | **Öffnungszeiten** Do 16 – 19 Uhr | **Tipp** Wer danach etwas Stille braucht, um seine Ohren zu regenerieren, kann in der Grünanlage hinter dem Gan-haIr-Einkaufszentrum, direkt neben dem Rathaus, ausspannen. Sie erinnert daran, dass sich hier inmitten der Stadt einmal ein Tierpark befand.

77__Das Rokach-Haus

Im Herzen Neve Zedeks

Als Erstes fallen die Skulpturen dicker nackter Frauen auf, die den Besucher aus allen Winkeln des Hauses anstarren, im Innenhof, von der Balustrade, im Garten. Dabei sind die dicken Frauen erst relativ spät hier eingezogen. Das Rokach-Haus wurde dagegen 1887 als eines der ersten Gebäude von Neve Zedek erbaut. Namensgeber Shimon Rokach lebte hier mit seiner Frau Rachel und den fünf Kindern. Gleichzeitig diente das Haus als Versammlungsort des Viertels. Heute ist es ein kleines Museum, das vom Leben in Neve Zedek erzählt, Jahre bevor Tel Aviv gegründet wurde.

Shimon Rokach, in Jerusalem geboren, zog 1884 als 21-Jähriger nach Jaffa, wo er bald mit seinem Bruder Elasar den Hilfsverein Esrat Zion gründete, der unter anderem die Wohnungsnot in Jaffa beheben wollte. Auf dem Land von Aharon Shlush an der Grenze zu Jaffa plante der Verein ein jüdisches Wohnviertel, das in 48 Parzellen unterteilt wurde. Die Häuser wurden von einer Kooperative von jüdischen Familien aus Jaffa gebaut, das Rokach war unter den ersten zehn. Zuerst waren es ebenerdige Gebäude, später wurden weitere Stockwerke aufgesetzt, Rokach erhielt sogar eine kleine Kuppel aus Kupfer.

Shimon Rokach, der unter anderem auch das erste jüdische Krankenhaus in Jaffa und die erste Bücherei (s. Seite 38) initiierte, starb 1922. Seine Kinder stifteten das Haus der Öffentlichkeit, später stand es leer. Anfang der 1980er Jahre übernahm es eine Enkelin, die Künstlerin Lea Majaro-Mintz, und renovierte es in seinem ursprünglichen Stil. Heute zeigt eine kleine Ausstellung mit historischen Möbeln und Utensilien das Leben um die Wende zum 20. Jahrhundert. Gleichzeitig ist das ganze Haus auch Galerie, nicht nur für die Arbeiten von Lea Majaro-Mintz – wie die dicken Frauen –, sondern auch für Wechselausstellungen. Außerdem finden regelmäßig Theatervorführungen zur Geschichte Neve Zedeks und Konzerte statt.

Adresse Shimon Rokach Street 36, Tel Aviv-Neve Zedek | **ÖPNV** Bus 40, 41, Haltestelle Eilat / Shlush | **Öffnungszeiten** So – Do 10 – 16 Uhr, Fr 10 – 14 Uhr | **Tipp** Am anderen Ende der Rokach Street trifft man auf das Haus von Aharon Shlush, das 1907 erbaut wurde und einst zu den schönsten Gebäuden Neve Zedeks zählte (Shlush Street 32). Es blieb nicht in Familienbesitz und wird seit 2014 für ausschließlich private Nutzung renoviert.

78__Das Rosa-Winkel-Denkmal

Für die homosexuellen Opfer der Schoah

Im Januar 2014 wurde im Gan-Meir-Park ein ganz besonderes Denkmal eingeweiht. Hervorzuheben nicht nur, weil es davon weltweit sehr wenige gibt – unter anderem in Berlin, Amsterdam, San Francisco und Sydney –, sondern vielmehr, weil es das erste Denkmal in Israel ist, das auch der nicht jüdischen Opfer der Schoah gedenkt.

Entworfen von Yael Moriah, Landschaftsarchitektin und Professorin am Technion Haifa, ist das Denkmal direkt am Eingang zum schwul-lesbischen Kulturzentrum im Gan Meir zu finden. Es besteht aus drei rosa Betonblöcken, die an ein zerbrochenes Dreieck erinnern. Sie spielen auf den Rosa Winkel an, den homosexuelle KZ-Häftlinge an ihrer Kleidung tragen mussten.

In drei Sprachen, Hebräisch, Englisch und Deutsch, ist auf jeder Seite zu lesen: »Den Opfern des Nationalsozialismus, die wegen ihrer sexuellen Orientierung und geschlechtlichen Identität verfolgt wurden«. Daneben klärt eine Inschrift über die Verfolgung von Homosexuellen durch die Nationalsozialisten auf. Etwa 15.000 Menschen wurden wegen ihrer sexuellen Orientierung in Konzentrationslagern inhaftiert und mehr als die Hälfte davon ermordet. Im Speziellen wird an homosexuelle Juden, wie etwa den Sexualforscher Magnus Hirschfeld, erinnert.

Dieses Denkmal ist in Israels ausgeprägter Gedenklandschaft ein wichtiger Meilenstein, der das Anderssein in den Vordergrund stellt. Und das ist auch gut so. Tel Aviv ist zwar eine der gay-freundlichsten Städte der Welt, aber auch hier wurden 2009 zwei Menschen getötet und 15 weitere verletzt, als in der Bar-Noar, der Tel Aviver Filiale der israelischen LGBT-Vereinigung, ein Attentäter um sich schoss. Im Nahen Osten, wo Homosexuelle noch immer verfolgt, verhaftet, sogar hingerichtet werden, bilden Israel und insbesondere Tel Aviv eine Art Oase. So hat das Denkmal einen mehr als passenden Ort gefunden.

Adresse Gan Meir, zwischen King George und Tchernichovsky Street, Tel Aviv-Stadtmitte, in der südwestlichen Ecke der Grünanlage | **ÖPNV** Bus 18, 25, 38, 61, 72, 82, Haltestelle Beit Jabotinsky / haMelech George | **Tipp** Das schwul-lesbische Kulturzentrum im Gan Meir ist der beste Anlaufpunkt, um die Szene in der Stadt kennenzulernen.

79__Rosh-Tzipor

Unterwegs im wilden Osten des Yarkon-Parks

Wer noch mehr Natur als Natur braucht, der muss im Yarkon-Park nur die richtige Ecke aufsuchen – Rosh Tzipor heißt der weniger aufgeräumte Parkteil, der auf zurechtgestutzten Rasen verzichtet. Hier werden die Grünflächen nicht gepflegt, sondern dürfen von Getreide und Blumen durchwachsen vor sich hin wuchern. Dazwischen finden sich Picknickbänke wie kleine Inseln. Grillen ist hier im Gegensatz zum restlichen Park erlaubt, auch wenn sich viele nicht an die für den Volkssport Barbecue ausgewiesenen Gebiete halten, hier grillt es sich mit Stil. Ein großer und beliebter Spielplatz findet sich in der Mitte von Rosh Tzipor. Gleich daneben liegt ein kleiner Aussichtshügel, von dem aus man das Areal gut überblicken kann. Morgens und am späteren Nachmittag ist Rosh Tzipor ein Radfahrer-Eldorado. Der zwei Kilometer lange Rundweg wird von Mountainbikern und Rennfahrern stark frequentiert, und leider erinnert deren Fahrweise manchmal an die Zustände auf Israels Straßen, sodass Vorsicht geboten ist. Aber auf den inneren Wegen gibt es genug Möglichkeiten, sich auch zu Fahrrad-Hauptzeiten bequem fortzubewegen, als Spaziergänger kann man dem kleinen Fitnesspfad folgen. Das Wäldchen im Süden wurde in den 1950er Jahren angepflanzt und beherbergt heute herrlich im Wind rauschende Eukalyptus-Riesen. Daneben ist haChava (»die Farm«) beheimatet, wo Stadtmenschen unter anderem selbst Gemüse anpflanzen können.

Nach der Form benannt, die die Flüsse Ayalon und Yarkon in die Landschaft schneiden, bedeutet Rosh Tzipor »Vogelkopf« – und dieser Parkteil eignet sich auch vorzüglich dazu, Vögel zu beobachten. Verschiedene Reiherarten sind ständig zu Gast, aber auch viele Wasser- und Singvögel. 2013 wurde der Grundstein zum Bau eines Vogelbeobachtungszentrums gelegt. Bis zu dessen Fertigstellung lohnt es sich, während der ruhigeren Tage unter der Woche einfach nur hier zu sein und die Natur zu genießen.

Adresse Ganei Jehoschua/Yarkon-Park, Eingang vom Parkplatz von haChava in Ramat Gan, Rokach Street, oder über die Fußgängerbrücke im Park am Ende der haRav Kosowski Street in Bavli, Tel Aviv-Yarkon-Park | **ÖPNV** Bus 14, Haltestelle haRav Kosowski/Steinmann, Bus 42, 67, Haltestelle Derech Abba Hillel/Rokach (Ramat Gan) | **Öffnungszeiten** frei zugänglich | **Tipp** Auf der anderen Seite des Yarkon sind die Überreste von Scheva tachanot (»sieben Mühlen«) zu sehen. Bis in die 1940er Jahre arbeitete hier eine große Getreidemühle, von der Wasserkraft des Flusses angetrieben.

80_Die Saloniki-Häuser

Im Herzen des haTikva-Viertels

HaTikva im Südosten der Stadt ist nicht das Viertel mit dem besten Ruf. Schon immer eine arme, problembehaftete Wohngegend, hat sich hier in den vergangenen Jahren der Konflikt um Flüchtlinge aus Afrika extrem zugespitzt. Laute Proteste, auch tätliche, der alteingesessenen jüdischen Bewohner gegen die Afrikaner, denen sie Diebstahl, Gewalt und sexuelle Übergriffe vorwerfen, treffen auf Flüchtlinge aus Staaten wie Eritrea und Sudan, die eine neue Heimat suchen und sich über den scharfen Rassismus beklagen, der ihnen in Israel entgegenschlägt. Doch das Viertel hat natürlich auch ein anderes Gesicht, das man am besten tagsüber erkundet, wenn der Markt geöffnet ist.

Das haTikva-Viertel wurde in den 1930er Jahren für Arbeiter der Stadtverwaltung gegründet, die größtenteils aus arabischen Ländern stammten. Bis in die 1980er Jahre lebten hier fast ausschließlich Juden aus dem Jemen, Iran, Irak und Ägypten. Erst in den 90er Jahren kamen durch die Einwanderungswelle aus der ehemaligen Sowjetunion auch Juden europäischer Herkunft ins Viertel.

Geht man durch die Gassen, die teilweise nur so breit sind, dass ein Auto gerade so hindurchpasst, sieht man kleine einstöckige Häuser, manchmal sogar noch kleinere: zwei Zimmer mit einem Dach darüber. Südlich des Marktes gibt es einige Straßen mit auffällig vielen weiß getünchten Häusern. Sie wurden früher Saloniki-Häuser genannt, da ihre ursprünglichen Bewohner aus Saloniki stammten und in Tel Aviv am Hafen arbeiteten. Diese Einwanderer waren wie Zehntausende andere Juden in den 1930er Jahren nach Palästina gekommen – rechtzeitig vor der Besatzung und Deportation durch die Deutschen. Auch wenn heute im haTikva-Viertel ein Mix aus Alteingesessenen und afrikanischen Bewohnern zu Hause ist, kann man vor allem in den Straßen Roni, Kemuel und Azai noch gut die weißen Häuschen sehen, die einst an die griechische Heimat erinnerten.

Adresse Roni, Kemuel und Azai Street, Tel Aviv-haTikva | **ÖPNV** Bus 7, 16, 204, Haltestelle Etzel/Hanoch | **Tipp** Der Markt im haTikva-Viertel ist breiter und angenehmer als der Carmel-Markt. Zwar findet man hier eine weniger große Auswahl an Waren, aber dafür deutlich bessere Preise.

81 Die Sarona-Siedlung
Sanierung mit fragwürdigem Ergebnis

1871 gründeten deutsche Templer etwa vier Kilometer nördlich von Jaffa eine Kolonie: Sarona. Aus Deutschland hatten sie nicht nur landwirtschaftliche Geräte, sondern auch praktisches Know-how mitgebracht, sodass sie erfolgreich Landwirtschaft betrieben, Wein und Zitrusfrüchte anbauten und den jüdischen Einwanderern darin Vorbild waren. Während des Zweiten Weltkriegs wurden die Bewohner Saronas und andere Templer aus Palästina, unter denen es zahlreiche NSDAP-Mitglieder und überzeugte Antisemiten gab, interniert und schließlich deportiert. Die Gebäude Saronas nutzte zunächst die britische Armee und Mandatsregierung, nach 1948 wurden sie dann von der israelischen Armee und als Regierungseinrichtungen genutzt.

Ein Teil der Templergebäude gehört bis heute zur Kirija, dem Hauptquartier der Armee. Das Areal südlich der Kaplan Straße wurde aber verkauft. Zum 100. Geburtstag der Stadt wurden dort, inmitten des teuren Baulands im Herzen der Stadt, immerhin 18 Gebäude saniert. Sie stehen nun in einem Park, umringt von Hochhäusern, und ihre Giebeldächer, die so sehr an die deutsche Provinz erinnern, konkurrieren mit den verglasten Fronten der Luxuswohnungen ringsum.

Pastorale Gefühle wollen sich dennoch nicht so recht einstellen. Das verhindert die Tatsache, dass Sarona im Grunde zum Shoppingareal wurde. Egal, wie schön die Häuser renoviert sind, zu Recht war die Stadt scharf in die Kritik geraten, denn die Gebäude sind nun von Designshops, Sportartikelläden und Restaurants belegt. Ja, es gibt auch ein Besucherzentrum, dies allerdings ist nur zu geheimnisvoll rätselhaften Zeiten geöffnet und erzählt die Geschichte der Templer sehr oberflächlich. Am Wochenende finden auch Führungen statt, die in gewollt komischen Spielszenen mit betont deutschem Akzent das Leben der Templer nachstellen. Sarona ist heute eine der weniger schönen Seiten Tel Avivs, mehr Schein als Sein.

Adresse zwischen Eliezer Kaplan und haArba'a Street, Tel Aviv-Sarona-Gärten (Ganei Sarona) | **ÖPNV** Bus 63, Haltestelle haShuk hasitoani / haHashmonaim, Bus 239, Haltestelle Kaplan / Aluf Mendler | **Tipp** Im Lobbybereich der drei Hochhäuser am Rande des Sarona-Parks hat eine riesige Feinschmeckermeile unter dem Namen Sarona Market geöffnet. Den großen Markthallen in Spanien und England nachempfunden, werden hier auf knapp 8.000 Quadratmetern Obst, Gemüse, Delikatessen und frisch zubereitete Gerichte angeboten.

82 Das Schiffshaus

Ein Flaggschiff des internationalen Stils

Eigentlich heißt es ja Beit Schimon Levi, doch bekannt ist das markante Gebäude an der viel befahrenen Kreuzung der Straßen ha-Masger, haRakevet und Levanda als Beit haOnia (Schiffshaus). 1934/35 im internationalen Stil erbaut, gehört es zu den bekanntesten Vertretern dieses in Tel Aviv dominanten Architekturstils, jedoch wird es wegen seiner Lage fern des Stadtzentrums mit dessen zahlreichen Bauperlen wenig besucht.

Dabei ist das Haus in der Levanda Straße, durch die in jenen Jahren die Eisenbahnlinie nach Jaffa verlief, etwas ganz Besonderes, gerade auch wegen seiner Lage. Schimon Hamadi Levi, dem das Grundstück gehörte, hat das Schiffshaus angeblich selbst geplant, konstruiert und mit eigenen Händen erbaut. Er setzte sich dabei frech über die bestehende Bauordnung hinweg, nach der Häuser nicht höher als drei Stockwerke sein durften, und erstellte Keller, Erdgeschoss, drei weitere Stockwerke sowie einen kleinen Speicher mit zusätzlichem Zimmer, insgesamt also sechs Stockwerke. Das Gebäude verläuft wie ein Dreieck mit spitzen Winkeln auf die Kreuzung zu und sieht wegen seiner imposanten Höhe wie ein Schiffsrumpf aus.

Nach längeren Streitigkeiten kam es zu einer Einigung zwischen Levi und Bürgermeister Dizengoff, sodass das Schiffshaus lange Jahre das höchste Gebäude der Umgebung blieb.

Die Familie Levi selbst musste es aber schon 1937 aus finanziellen Gründen wieder verlassen. Seitdem hat das Gebäude sowohl eine Synagoge beheimatet wie auch der Hagana, einer der vorstaatlichen militärischen Organisationen, als Aussichtspunkt gedient. Bis heute ist es Wohnhaus geblieben. Obwohl es unter Denkmalschutz steht und 1990 sowie 2007 renoviert wurde, sieht es etwas schäbig aus und ist zudem durch eine Mobilfunkantenne verunstaltet. Gleich nebenan wird bald ein 25-stöckiges Gebäude entstehen, welches dann wohl das Schiffshaus endgültig in den Schatten stellt.

Adresse Levanda Street 56, Tel Aviv-Neve Sha'anan | **ÖPNV** Bus 51, 60, Haltestelle haMasger/Yad Charutzim, Gegenrichtung: haMasger/La Guardia, oder über einen knapp zehnminütigen Fußweg durch die Rosch Pina Street vom Zentralen Busbahnhof aus | **Tipp** In der Rosh Pina Street, die ebenfalls an der Kreuzung des Beit haOnia endet, sind zwei weitere sehr schöne, wenn auch nicht renovierte Bauhäuser zu sehen (Nummer 26 und 28). Das ebenfalls 1935, aber in Hufeisenform erbaute Wohnhaus in Nummer 26 sieht ein wenig wie der kleine pummelige Bruder des Beit haOnia aus.

83___Der Schnullerbaum
Wem die Schnullerfee suspekt ist …

Die Idee ist nicht neu, im kinderfreundlichen Skandinavien schon gar nicht. Schon in den 1920er Jahren gab es auf der dänischen Insel Thurø den ersten Schnullerbaum. Er soll Kindern helfen, sich in Einklang mit der Natur mit einem kleinen Ritual, bei dem der Schnuller an den Baum gehängt wird, vom kiefernschädigenden Nuckel, Dietzi oder hebräisch »Mozez« zu trennen. In Deutschland gibt es mittlerweile knapp zwei Dutzend öffentlich zugängliche Schnullerbäume. Seit einigen Jahren hat die Idee auch in Israel Einzug gehalten. Kfar Saba hat einen, Giwatajm auch. Und in Tel Aviv steht jetzt auch ein Schnullerbaum.

Zunächst hatte sich die für den Yarkon Park zuständige Betreiber-Firma bemüht, einen Schnullerbaum im hinteren Teil des Parks zu etablieren. Aber das war den meisten Eltern wohl zu weit weg. Reichlich verwaist baumelten immer nur drei, vier Schnuller an dem neu gepflanzten Bäumchen. Ganz anders am Rand des Dubnov-Parks, wo Eltern ganz einfach einen Schnullerbaum selbst angelegt haben, an dem jetzt Dutzende in allen Formen und Farben hängen und der stetig wächst.

Will man tatsächlich dort einen Schnuller loswerden, dann empfiehlt sich eine gute Vorbereitung. Das Kind muss es schon gewohnt sein, den Schnuller nur zu bestimmten Zeiten zu bekommen. Vor dem Besuch sollte man von dem Baum erzählen und das Kind darin bestärken, dass es schon groß ist und man fest daran glaubt, dass es wie alle großen Kinder an diesem Baum seinen Schnuller lassen kann. Den Tag selbst kann man festlich gestalten, Familie und Freunde einladen, ein Picknick veranstalten, der Dubnov-Park bietet dazu viel Gelegenheit. Wenn es dann ohne Schnuller wieder nach Hause geht, heißt es: Stark bleiben. Und zwar weniger für das Kind als für die Eltern. Den Schnuller kann man ja auch wieder besuchen kommen, in Verbindung mit einem Nachmittag am großen Spielplatz.

Adresse Dubnov-Park, gegenüber von Dubnov Street 25, Tel Aviv-Neuer Norden | **ÖPNV**
Bus 18, 25, Haltestelle Kikar Rabin/Malkei Israel, Bus 89, Haltestelle Kikar Rabin/Ibn
Gvirol | **Tipp** Die israelische Oper, oberhalb des Parks gelegen, hat auch regelmäßig
Kindervorstellungen (für Drei- bis Achtjährige) am Nachmittag. Auf dem Programm stehen
zum Beispiel Hänsel und Gretel, die Zauberflöte und Figaro. (www.israel-opera.co.il/)

84__Das Sholem-Aleichem-Haus

Wen du wilst redn jiddisch …

Wer die Weizmann Straße Richtung Süden geht, vorbei an dem dreieckigen Herz-Zentrum, und den Neubau des Gerichts erreicht, der kann in der Querstraße, wo ebenfalls ein großer Büroturm steht, ein kleines Steingebäude sehen, das sich so seltsam gar nicht in seine Umgebung einfügt. Das Haus ist dabei unfreiwillig Symbol für den Ort an sich: in der Berkovitch Straße 2 befindet sich ein Zentrum für Jiddische Sprache und Kultur der Juden Osteuropas.

1966 gegründet und nach Sholem Aleichem benannt, beherbergt das Haus neben einer gut sortierten Bibliothek auch das Archiv des Schriftstellers und eine kleine permanente Ausstellung zu seinem Leben und Werk. 1859 als Sholem Rabinovitz in der Nähe von Kiew geboren, begann er zunächst für hebräische Zeitungen zu schreiben, bevor er sich entschloss, in Jiddisch zu publizieren, und so zu einem der Väter der neuen jiddischen Literatur wurde, die Ende des 19. Jahrhunderts in Osteuropa aufblühte. Zu seinen bekanntesten Protagonisten zählen »Tewje der Milchiger«, »Menachem Mendel« und »Motl Peyse dem Khazns«. Sholem Aleichem starb 1916 in New York. Im Haus wird auch das Archiv von Jitzchak Dov Berkovitch aufbewahrt, Sholem Aleichems Schwiegersohn, der seinen Nachlass verwaltete, seine Werke ins Hebräische übersetzte, selbst Schriftsteller war und an der Gründung des Hauses maßgeblich beteiligt. Nach ihm ist auch die Straße benannt, in der das Gebäude steht.

Etwa 300 Teilnehmer belegen jedes Jahr Kurse in Jiddisch und zur Kultur der Juden in Osteuropa, erzählt Professor Avraham Novershtern, der das Haus leitet. Darunter immer mehr junge Leute, die sich für die in Israel verdrängte Sprache interessieren. Davon, dass Jiddisch keineswegs eine verstaubte Angelegenheit ist, kann man sich auch auf der Facebook-Seite des Sholem-Aleichem-Hauses überzeugen, die neben Veranstaltungshinweisen allerlei Amüsantes sammelt.

על בית שלום עליכם

Adresse Berkovitch Street 2, Tel Aviv-Neuer Norden, www.facebook.com/Beth.Shalom. Aleichem | **ÖPNV** Bus 7, 18, 59, Haltestelle Beit haMischpat/Weizmann | **Öffnungs-zeiten** So–Do 10–18 Uhr | **Tipp** Schräg gegenüber an der Weizmann Street 4 liegt das Beit Asia. 1979 erbaut, ist es für seine einzigartige Struktur bekannt, die ohne Winkel und Ecken ein Spiel aus Licht und Schatten der umlaufenden Fassadenstränge bildet. Das Beit Asia beheimatet neben anderen Büros auch die Botschaften Schwedens, Italiens und Vietnams und das deutsche Goethe-Institut.

85_ Der Shalom Meir Tower

Ausstellung im Beton-Charme der 1960er Jahre

Er ist die größte Bausünde Tel Avivs. Da hilft es auch nicht, dass er damals das höchste Gebäude im Nahen Osten war: der 1965 fertiggestellte Shalom Meir Tower. Das Hochhaus nahm nämlich den Platz des ehemaligen Herzlija-Gymnasiums am Ende der Herzl Straße ein. Damit wurde unwiederbringlich ein einzigartiges historisches Gebäude zerstört. Die Schule wurde 1905 in Jaffa gegründet und zog 1909 in die Herzl Straße. Die Erhaltung des eindrucksvollen Baus, dessen Architektur eine Mischung aus international modernen und speziell eretz-israelischen Elementen vereinte, wurde damals nicht für wichtig erachtet.

Unzweifelhaft nahm das 34-stöckige Hochhaus eine prominente Stellung im Stadtbild ein. Es beheimatete früher zahlreiche Regierungseinrichtungen, wie etwa den örtlichen Ableger des Innenministeriums mit dem Einwohnermeldeamt, den »Kolbo Shalom«, ein kleines Kaufhaus, ein Wachsfigurenkabinett und natürlich viele Büros. Letztendlich wurde die Kritik am Abriss des Gymnasiums doch noch laut und führte zur Einrichtung eines Rats zum Denkmalschutz.

Als kleines Trostpflaster ist in der Lobby und im ersten Stock des Shalom Meir Towers eine Ausstellung zur Geschichte Tel Avivs untergebracht, zwar ein wenig antiquiert, aber trotzdem sehenswert. Fotos, Landkarten und Modelle zeichnen die Entwicklung der Stadt nach, im Besonderen des ersten Wohnviertels Achusat Bait. Hunderte von Fotografien zeigen die Stadt in späteren Jahren, das Kultur- und Gesellschaftsleben, Tel Avivs Bau- und Kaffeehäuser und das Gymnasia Herzlija. Eine gesonderte Ausstellung widmet sich Arie Akiva Weiss, dem Initiator und einstigen Vorsitzenden der Ahusat Bait. In der Lobby schmücken ein 100 Quadratmeter großes Mosaik von Nahum Gutmann und ein weiteres, etwas kleineres Mosaik von David Sharir die Wände. Wunderschön ist auch die Sammlung von Keramikfliesen, die ab den 1920er Jahren in Mode kamen.

מגדל שלום מאיר

Adresse Achad haAm Street 9, Tel Aviv-Stadtmitte | **ÖPNV** Bus 18, 22, 38, 61, 82, Haltestelle Migdal Shalom / Ahad haAm | **Öffnungszeiten** So–Do 8–19 Uhr, Fr 8–14 Uhr, Eintritt frei | **Tipp** Arie Akiva Weiss' Wohnhaus steht glücklicherweise noch, direkt an der Ecke, Herzl Street 2. Als eines der schönsten Häuser von Achusat Bait, von Weiss selbst geplant, wurde es 1909 zuerst ebenerdig erbaut und später aufgestockt. Heute ist es in seinem Originalzustand renoviert.

86___ Sheinkin

Niedergang einer Straße?

Die Sheinkin Straße, die Ende der 1980er Jahre zum Symbol für die hippe Blase Tel Aviv wurde, ist schon lange nicht mehr das, was sie einmal war. Die einstige Avantgarde-Straßenkultur ist mehr oder weniger den üblichen Modegeschäften und Cafés gewichen, und das Facelifting, das die Stadtverwaltung der Straße verpasst hat, lässt alles noch viel aufgeräumter erscheinen. Mehr noch, die Sanierungen haben viele Geschäfte vertrieben und die früher für ihre künstlerische Subkultur berühmte Sheinkin macht abends den Eindruck einer ganz gewöhnlichen Seitenstraße. Die einstigen Ikonen gibt es nicht mehr. Wer die frühere Atmosphäre sucht, ist schon längst in den Süden der Stadt weitergezogen.

Im Juni 2015 schloss nach 60 Jahren das legendäre Café Tamar. Einst war es zentraler Treffpunkt linker Intellektueller und Ort politischer und gesellschaftskritischer Debatten. Diese Glanzzeit war zwar schon länger vorüber, aber noch immer gehörten Journalisten, Künstler, Schriftsteller und Komponisten zu den treuen Kunden der Besitzerin Sarah Stern, die nur wenige Monate nach der Schließung im Alter von 90 Jahren verstarb.

Eine weitere Ikone nahm im März 2018 Abschied, das »Orna und Ella«. Das Restaurant von Ella Shine und Orna Agmon konnte sich hier gut 25 Jahre mit einer sehr besonderen Mischung aus gutem Essen und angenehm entspannter, aber dennoch gehobener Atmosphäre behaupten. Unvergessen bleiben die Lewiwot Batata, Puffer aus Süßkartoffel, von Orna und Ella. Auch hier war die Sanierung des Gebäudes für die Besitzerinnen Anlass, Abschied zu nehmen, nachdem schon die Straße »schwer misshandelt wurde«, wie sie sagten.

Vergangenen Zeiten nachzutrauern ist hier durchaus berechtigt. Aber die Renovierungsarbeiten haben auch die architektonischen Perlen der Straße wieder zum Glänzen gebracht und noch immer ist die Sheinkin ein schöner Ort zum Flanieren.

Adresse Sheinkin Street 33, Tel Aviv-Stadtmitte | **ÖPNV** Bus 23, Haltestelle Sheinkin / Johanan haSandlar; Gegenrichtung: Beit haSefer Balfour, Bus 5, 142, Haltestelle Sderot Rothschild / Sheinkin | **Tipp** Im Sheinkin-Garten liegt das Gemeindezentrum Beit Tami. Neben den vielfältigen wöchentlichen Kursen für Kinder und Erwachsene, von Sport, Kunst und Sprachen über Kochen bis zu Robotik, gibt es dort häufig öffentliche Veranstaltungen, Vorlesungen und Ausstellungen.

87 Die Shfela Straße

Wie kam die Washingtonpalme nach Tel Aviv?

Biegt man von der viel befahrenen dreispurigen Derech Menachem Begin in die haShfela Straße ein, sieht man sie sofort: vier dünne, haushohe Palmen, die man sich eher in Kalifornien vorstellen kann als in der kleinen, nur 60 Meter langen Straße. Tatsächlich handelt es sich um Mexikanische Washingtonpalmen (Washingtonia robusta), die hier so deplatziert heimisch wurden. Sie sind die letzten Zeugen einer längst vergangenen großen Zeit der kleinen Straße, die heute reichlich schäbig wirkt. Gepflanzt wurden die ursprünglich fünf Palmen 1927. Sie säumten den Zugangsweg zum neuen Messegelände der Stadt. Die Washingtonpalme war nicht neu in Palästina, sondern wurde bereits seit 1890 genutzt, zunächst in Sarona und Neve Zedek. Sie ist pflegeleicht und elegant, im Stil genau richtig für den Zugang zur neuen Messe. Nachdem 1924 bereits zwei erfolgreiche Messen in Schulgebäuden in der Achad haAm Straße veranstaltet wurden, suchte man ein größeres Gelände. Dazu wurde die 15.000 Quadratmeter große Fläche einer Versicherungsfirma angemietet und eine große Ausstellungshalle gebaut. Am 25. Oktober 1925 eröffnete hier feierlich die erste Messe mit 330 Ausstellern. Anders als ihre Vorgänger, auf denen vor allem Waren aus jüdischer Produktion in Palästina vorgestellt worden waren, war diese nun international. Es nahmen 121 Aussteller aus dem Ausland teil, darunter auch aus den arabischen Nachbarländern. Auch große Firmen wie Singer, General Motors, Renault und Shell präsentierten sich.

Bis 1932 sollten noch vier weitere internationale Messen hier stattfinden. Gleichzeitig wurde das Gelände für Großveranstaltungen und Freiluftkonzerte genutzt und besaß einen eigenen Vergnügungspark. Anfang der 1930er Jahre wurde auch dieses Areal zu klein, und die Messe zog an die Mündung des Yarkon um. Vom alten Messegelände sieht man heute nichts mehr, das Ausstellungsgebäude wurde 1995 abgerissen.

Adresse haShfela Street, Tel Aviv-Neve Sha'anan | **ÖPNV** Bus 1, 5, 40, 42, 89, Haltestelle Chevrat haChashmal / Derech Begin | **Tipp** An der Kreuzung Derech Begin und haRakevet Street liegt das Beit Hadar mit seiner charakteristischen runden Front. Zwischen 1936 und 1938 errichtet, war es nicht nur der erste Bau mit Stahlträgern, sondern auch das erste Bürogebäude der Stadt.

88__ Shuk Shuka

Wenn die Schakschuka-Sehnsucht zuschlägt

Natürlich gibt es viele Orte in Tel Aviv, an denen man ein richtig gutes Schakschuka bekommt. Die beste Umgebung für ein frisches Schakschuka ist aber der Markt, denn dieses Gericht ist nicht nur abhängig von frischen Zutaten, wie man sie nur auf dem Markt bekommt, sondern auch ein einfaches Essen, das man wunderbar zwischen den Einkäufen genießen kann. Schakschuka sind pochierte Eier in einer dickflüssigen Soße aus Tomaten, Zwiebeln, Paprika und nach Belieben weiterem Gemüse, wie etwa Spinat, serviert in einer kleinen Auflaufform oder Pfanne. Dazu gibt es Brot, mit dem man die Soße aufwischt.

Im Shuk Shuka – der Name ist ein Wortspiel, Schuk bedeutet Markt – das in einer kleinen Seitenstraße nur ein paar Meter vom Markt abseits liegt, gibt es neben dem klassischen Gericht oder der extra scharfen Variante auch ein italienisches Schakschuka, mit Basilikum und Ziegenkäse, ein spanisches mit Kichererbsen, Spinat und Würstchen und ein griechisches mit gegrilltem Gemüse und Feta-Käse. Außerdem werden verschiedene kleine Gerichte, vor allem nach spanischem und griechischem Vorbild, aber mit israelischem Twist, angeboten. Dazu Bier, Ouzo und Arak Lemonade, entsprechend wohlgelaunt ist das Publikum.

Der Charme dieses Ortes, der ein wenig wie die Essenz der Atmosphäre der Stadt insgesamt ist, liegt im einfachen aber raffinierten Ambiente. Man sitzt an der mit afrikanischen Fliesen getäfelten Bar auf einfachen Hockern und hat direkten Einblick in die kleine Küche. Die Gerüche von dort, gute Musik und angenehme Gesellschaft machen das Schakschuka-Erlebnis perfekt. Wer es lieber ruhig hat, der sollte morgens kommen, auf einen Espresso und ein kleines Frühstück. Wer den richtigen Trubel sucht, ist freitags richtig. Dann wird eine zweite Reihe Stühle aufgestellt und die Stimmung passt sich der griechischen Musik an, die zum Feiern in den Wochenendstart einlädt.

Adresse Simtat haCarmel 30, Tel Aviv-Kerem haTeimanim | **ÖPNV** Bus 10, 24, 61, 63, 66 unter anderem, Haltestelle Karmelit | **Öffnungszeiten** So–Do 9–18 Uhr, Fr 8–15 oder 16 Uhr | **Tipp** Früher gab es in Israel zwei Sorten Käse, weißen und gelben. Das ist lange vorbei, aber wer wirkliche Käseköstlichkeiten sucht, muss am Markt in das »Davka Gourmet« gehen, gleich gegenüber der Mündung der Simtat haCarmel.

89 __ Die Simta Plonit
Wie kam der Löwe in die Sackgasse?

Die »anonyme« und die »unbekannte Gasse« machen ihren Namen keine Ehre. Lange Zeit waren die beiden kleinen parallelen Sackgassen, die von der King George Straße abgehen, ein kultureller Hotspot mit Galerien und Cafés. Diese Zeit ist vorüber, auch wenn sich ab und an neue Geschäfte oder Cafés in den Gassen versuchen. Trotzdem ist es immer wieder schön, hierherzukommen, vor allem in die »unbekannte«, Simta Plonit, mit der Löwenstatue am Ende.

Wenn man aus der lauten, viel befahrenen King George Straße kommt, ist es ein wenig, als würde man in eine andere Zeit eintauchen. Die kleine Gasse ist zwar nicht für den Verkehr gesperrt, aber viel zu fahren gibt es dort nicht, und so ist es immer angenehm still. Die Häuser sind mittlerweile größtenteils renoviert. Am schönsten ist natürlich die Nummer 7, am Ende der Gasse. Meir Getzel Shapiro, ein reicher amerikanischer Jude aus Detroit, ließ das Haus 1922 erbauen. Er war nach Palästina gezogen, hatte Land gekauft und investiert. Das Shapira-Viertel im Süden der Stadt ist nach ihm benannt. Im Zentrum baute er sein Wohnhaus im eklektischen Stil, hier sollte sich seine Frau Sonja wohlfühlen. Die Löwenstatue war ein Geschenk für sie.

Aber alles Geld reichte offensichtlich nicht dazu, den Wunsch Shapiras zu erfüllen, die beiden kleinen Sackgassen nach sich selbst und seiner Frau zu benennen. Bürgermeister Dizengoff wusste das zu verhindern. Bis zu einer Einigung wurden die Gassen als »anonym« und »unbekannt« bezeichnet. Eine Lösung wurde nicht gefunden, und so heißen sie noch heute so. Lange Zeit war der Löwe reichlich heruntergekommen und begann zu bröckeln.

Erst kürzlich wurde die Statue von der Stadt restauriert und wieder weiß gestrichen. Der Löwe ist übrigens auch auf dem Cover von Arik Einsteins und Joni Rechters berühmter Platte »Ich war einmal ein Kind« zu sehen, wo »Adon Schoko« und »Schabat baBoker« verewigt sind.

Adresse Simta Plonit 7, Tel Aviv-Stadtmitte | **ÖPNV** Bus 18, 25, 61, 72, Haltestelle haMelech George / Rashi, Gegenrichtung: haMelech George / haChashmonaim | **Tipp** »Der kleine Prinz«, ein Café mit Secondhand-Buchladen, war früher auch in der Simta Plonit zu finden. Heute ist er nicht weit davon, an der Ecke King George Street 19. Von der ausgesprochen angenehmen Wohnzimmeratmosphäre kann man sich bei einer Tasse Kaffee oder oft auch abends bei Buchvorstellungen und anderen Veranstaltungen überzeugen.

90__Die Spezial-Strände

Etwas andere Badevergnügen

Tel Aviver lieben Hunde. Vor allem große Hunde prägen das Stadtbild – auch wenn das angesichts kleiner Wohnungen nicht unbedingt logisch sein mag. 20.000 registrierte Hunde gibt es in der Stadt, tatsächlich sind es sicher um ein Vielfaches mehr, ein Eindruck, der auch aufgrund der zahlreichen Hundehäufchen entsteht, die trotz der drakonischen Strafen, die fürs Nicht-Aufsammeln drohen, für Spießrutenlauf sorgen. Oft werden Hunde gehalten, die nicht zum Klima der Stadt passen, wie etwa Huskys und Bernhardiner. Für manche Leute ist der Hund ein Statussymbol, doch die meisten Besitzer sorgen gut für ihre vierbeinigen Freunde. Wer viel arbeiten muss, engagiert zum Beispiel einen Dogsitter.

Über die Stadt verteilt gibt es 60 Hundespielplätze – in kleinen Grünanlagen, im Yarkon-Park und auf den Boulevards. Dort dürfen Hunde frei laufen, was normalerweise nicht erlaubt ist. Im Norden der Stadt existiert sogar ein gesonderter Strandabschnitt für Hunde. Der Streifen Sand unterhalb des Unabhängigkeitsparks (s. Seite 208) ist zwar relativ schmal, aber ermöglicht es den Besitzern, selber ein Sonnenbad zu nehmen und gleichzeitig die Vierbeiner frei spielen, rennen und baden zu lassen. Am Hundestrand gilt übrigens ganzjährig Badesaison, sodass man auch bei schlechtem Wetter den Hunden beim Badespaß und Toben zusehen kann.

Überhaupt scheint es eine Vorliebe zu geben, den Strand in ungewöhnliche Abschnitte einzuteilen. Hier grenzen wirklich außerordentlich verschiedene »Spezial«-Strände aneinander: im Süden Tel Avivs Gay-Strand, der Hilton Beach, welcher vor allem im Sommer und im Besonderen während der Gay-Pride-Woche Szene-Treffpunkt ist. Nördlich schließt sich der »orthodoxe« Strand an, wo Frauen und Männer an jeweils getrennten Tagen Einlass bekommen und diesen etwas ruhigeren Strandabschnitt genießen können, ohne womöglich lästige Annäherungsversuche des anderen Geschlechts.

Adresse Shlomo Lahat Promenade, unterhalb von Gan haAtzmaut, Tel Aviv-Alter Norden | **ÖPNV** Bus 4, 9, 13, Haltestelle Ben Yehuda/Jabotinsky | **Tipp** Jeden Freitag zwischen 12 und 16 Uhr bieten verschiedene Tierschutzorganisationen in der King George Straße, am Zaun zu Gan Meir, Hunde zur Adoption an. Die Kehrseite der Hundeliebe – zugleich schön und traurig anzusehen.

91 Die Sportek

Der jemenitische Schritt ist hier gefragt

Vom Areal der Sportek, wo sonst Basketball gespielt und Muskeln getrimmt werden, klingt am Shabbat Musik durch den Yarkon-Park. Ab elf Uhr kann hier jeder das Tanzbein schwingen und sein Können in »rikudei am«, israelischem Volkstanz, beweisen. Es ist zwar ein Stammpublikum, das am Shabbat-Vormittag im Park tanzt, aber kommen kann jeder und mitmachen auch, Alt und Jung, alleine, als Paar und Familie. Drei Stunden lang wird getanzt, im großen Kreis, alleine und paarweise. Wer neu ist, kann mit den Grundschritten bald mithalten.

Der israelische Volkstanz entwickelte sich in den 1940er Jahren. Als seine Geburtsstunde gilt eine Shavuot-Feier im Kibbuz Dalia 1944. Noch im selben Jahr fand dort das erste Volkstanzfestival statt. Dabei waren die »rikudei am« von Anfang an viel mehr als Unterhaltung. Sie halfen auch, die noch im Entstehen begriffene Nation zu formen, denn sie vereinten Einflüsse aus den unterschiedlichen Herkunftsländern der Juden Osteuropas – vor allem die der Hora aus Rumänien und der traditionellen russischen Tänze – zu einem ganz eigenen eretz-israelischen Stil. Seit den 1980er Jahren ist der Volkstanz in breiten Bevölkerungsschichten und auch in den Städten beliebt, schätzungsweise 300.000 Israelis tanzen regelmäßig Volkstanz. Mittlerweile sind Tausende von choreografierten Tänzen dokumentiert, und jedes Jahr kommen neue hinzu. Am Shabbat gibt es im ganzen Land Möglichkeiten, umsonst zu tanzen, in Tel Aviv geht das auch am Gordon-Strand.

Hier im Park herrscht eine etwas andere Atmosphäre, familiärer, gemütlicher und natürlich grüner. Vier Leiter wechseln sich ab, sodass auch unterschiedliche Stile zusammenkommen. An einem Hügel gleich neben der asphaltierten Tanzfläche kann man sich gut ins Gras setzen und zusehen – und, wenn man Neuling ist, sich vielleicht dann doch noch trauen. Keine Sorge, den jemenitischen Schritt hat man schnell raus.

Adresse Yarkon-Park, nördliches Ufer, auf halber Höhe zwischen Ibn Gvirol Street und Derech Namir, Tel Aviv-Yarkon-Park | **ÖPNV** Bus 12, 13, 189, 289, Haltestelle Sportek/Sderot Rokach | **Öffnungszeiten** im Sommer, ab 11 oder 19 Uhr | **Tipp** Etwas weiter westlich, hinter der Ibn Gvirol Street, liegt der Gan haBanim, wo der Gefallenen aus Tel Aviv gedacht wird. Elf verschiedene Haine symbolisieren die Kriege und Zeiten von Unruhe und Terror. Auf schwarzen Granitstelen sind die Namen der Gefallenen zu lesen.

92 Die Straßenbibliotheken
Sommer-Lesevergnügen im Vorbeigehen

Was gibt es Schöneres, als auf einem Liegestuhl auszuruhen und noch ein wenig in einem Buch zu schmökern? Das ist im Sommer in Tel Aviv ganz einfach zu haben, ohne dass man eine Liege mit sich schleppen muss. Gemeinsam mit Beit Ariela (s. Seite 38) hat die Stadt ein wunderbares Projekt ins Leben gerufen: mobile Straßenbibliotheken, die seit dem Sommer 2014 über das Stadtgebiet verteilt sind. Eigentlich sind es kleine Autoanhänger, die auf einer Rasenfläche stehen. Täglich zwischen acht und 20 Uhr werden die seitlichen Klappen geöffnet, und zum Vorschein kommt eine kleine Bücherei. 500 Bücher hat jede dieser Einheiten, in allen möglichen Sprachen, Hebräisch, Arabisch, Russisch, Englisch, Französisch. Sie werden ständig neu gefüllt und sortiert. Natürlich kommt es vor, dass einige Bücher nicht wiederauftauchen, dafür gibt es andere Leute, die Bücher nicht mitgehen lassen, sondern spenden. Zu schmökern gibt es in jedem Fall genug: Belletristik, Kinderbücher, Zeitschriften, für jeden ist etwas dabei. Und es geht auch nicht darum, den letzten Bestseller dort zu finden, sondern mehr um die Idee, zwischendrin ein Buch zu genießen. Und wer nicht lesen will, wird sich zumindest über die gemütlichen Liegestühle freuen.

Die Straßenbibliotheken stehen an elf Standorten über das ganze Stadtgebiet verteilt, auf kleinen Grünflächen, die man im Vorbeigehen passiert. So zum Beispiel im haTikwa Viertel, in Bizaron auf der neu angelegten Grünfläche des haHaskala-Boulevards oder im Yarkon Park neben einem großen Spielplatz. Es geht darum, einen kleinen Moment des Innehaltens zu kreieren, der in einer lauten Stadt wie Tel Aviv durchaus nötig ist. Auf dem Liegestuhl mit einem Buch lässt sich das hektische Drumherum für einen Augenblick ausblenden. Die mobilen Bibliotheken stehen von Mai bis November bereit, und so lange dauert in etwa auch der Sommer in Tel Aviv.

Adresse zum Beispiel am Sderot Rothschild /Kikar haBima oder Sderot haHaskala, Tel Aviv-Stadtmitte oder Tel Aviv-Bizaron | **ÖPNV** Bus 5, Haltestelle haBima / Sderot Rothschild, Bus 39, 63, Haltestelle haBima / Sderot Ben Zion oder Bus 23, 279, Haltestelle Derech haShalom / Tozeret haAretz | **Tipp** Mobile Bibliotheken gibt es in den Sommermonaten auch am Gordon- und Mezizim-Strand, mit etwas mehr englischer Literatur für das Strand-Lesevergnügen.

93__Sumeil

Letzte Erinnerungen an ein arabisches Dorf

Tel Aviv ist auf Sanddünen gebaut. Aus dem Nichts entstand hier die erste hebräische Stadt der Neuzeit. So lautet zumindest die gängige Legende. Ein bisschen muss man dies korrigieren, denn im heutigen Stadtgebiet gab es einige arabische Dörfer, wie etwa Sumeil. Früher auf einem Hügel gelegen, von Plantagen und landwirtschaftlichen Flächen umgeben, sind die Überreste des Dorfes heute an einer der Hauptverkehrsstraßen der Stadt zu finden.

Anfang der 1930er Jahre hatte Sumeil 650 Einwohner. Später wohnten auch einige jüdische Familien hier, die ein Zimmer in den unteren Etagen der kleinen Häuser mieteten. Waren zu jener Zeit die Beziehungen noch intakt, zumindest so weit, dass die Kinder miteinander spielten, spitzte sich die Lage 1947 immer mehr zu. Nach der Bekanntgabe des Teilungsplans der UN für das Land verließen die arabischen Einwohner Sumeil aus Furcht vor Eskalation. Sie sollten nicht zurückkehren, denn nach der Gründung des Staates Israel brach der Unabhängigkeitskrieg aus.

Die Häuser des Dorfes wurden seitdem von Juden bewohnt, viele von ihnen waren Neueinwanderer aus arabischen Staaten. Stadt und Staat haben diesen Zustand ganz einfach ignoriert. Erst in den 1960er Jahren gab es dann einen Räumungsbeschluss. Nicht jedoch, weil es sich um arabisches Eigentum handelte, sondern weil ein Teil der Häuser bei der Straßenerweiterung im Weg war. Sie wurden schließlich gewaltsam geräumt und abgerissen. Heute ist nur noch ein kleiner Teil des ehemaligen Dorfes übrig. Und auch die letzten Häuser werden wohl in absehbarer Zukunft verschwinden, zu kostbar ist das Bauland hier. Die Verhandlungen mit den noch verbliebenen Familien laufen seit vielen Jahren, während Pläne für stylishe Hochhäuser bereitliegen.

Noch kann – und sollte! – man die Überreste des arabischen Dorfes Sumeil anschauen, denn auch sie sind Teil der Geschichte dieser Stadt.

Adresse Ecke Ibn Gvirol und Arlosoroff Street, Tel Aviv-Neuer Norden | **ÖPNV** Bus 24, 25, 189, Haltestelle Ibn Gvirol / Arlosoroff | **Tipp** Am nordöstlichen Rand des großen Parkplatzes hinter den Häusern Sumeils liegt die in den 1970er Jahren in Form einer Muschel erbaute Hechal-Jehuda-Synagoge. Sie dient vor allem aus Saloniki stammenden Juden und wird nach sephardischem Ritus geführt (Zugang über die Ben Saruk Street).

94__Der Supermarkt Schelanu
Soziale Kooperative mit großem Anspruch

Im Sommer 2014 flammte die Diskussion über die Preise der Lebensmittel in Tel Aviv erneut auf, nachdem sie ein Facebook-Nutzer mit den Preisen in Berlin verglichen hatte. Aber von Massendemonstrationen wie drei Jahre zuvor war nichts zu spüren, und die meisten Israelis begeben sich protestlos in die Fänge der großen Supermarktketten. Anders eine Gruppe von engagierten Tel Avivern, die sich 2011 während der Zeltproteste zusammenfand und beschloss zu handeln. Ein erstes Ergebnis kann man im Stadtteil Bizaron besuchen.

Die Gruppe gründete eine Kooperative, die sich Schelanu (»Unseres«) nennt und deren Mitglieder, Anfang 2015 waren es 470, sowohl Inhaber wie auch Kunden sind und ehrenamtlich an ihrem Projekt arbeiten. Ihr erstes Projekt ist ein kleiner Supermarkt. An den Preisen merkt man keinen großen Unterschied, auch wenn hier vieles um einige Schekel billiger ist. Trotzdem kann der nur 160 Quadratmeter große Laden natürlich nicht mit großen Ketten konkurrieren. Es geht vielmehr um ein bewusstes und nachhaltiges Einkaufen, den Grundsätzen der Kooperative entsprechend: fair, transparent, gleichberechtigt und sozial gerecht. Es geht Schelanu darum, einen gesellschaftlichen und wirtschaftlichen Wandel einzuläuten, der letztlich auch die Lebenshaltungskosten senkt.

Die Grundsätze sind auf gelben Schildern auch im Laden an den Regalen angebracht. Hier gibt es keine Deko und großen Werbeschilder, dafür ein feines Sortiment. Bio-Produkte sind neben den »normalen« zu finden, Vollkornpasta teilt sich das Regal mit den weißen Nudeln, und den Bio-Ketchup muss man nicht im letzten Winkel suchen. Schelanu stellt in die Regale, was die Kunden, sprich die Inhaber wünschen.

Der Supermarkt ist im Übrigen erst der Anfang. Schelanu arbeitet derzeit an einer Genossenschaftsbank und der Einrichtung einer kooperativen Pensions- und Sozialkasse.

Adresse Sderot haHaskala 9, Tel Aviv-Bizaron | **ÖPNV** Bus 23, 279, Haltestelle Derech haShalom / Tozeret haAretz, Bus 7, 54, 239, Haltestelle Yigal Alon / Derech haShalom | **Öffnungszeiten** So – Do 7 – 21 Uhr, Fr 7 – 15 Uhr | **Tipp** Gleich um die Ecke, in der Kremitski Street 14, ist das Café Lachmanina. Nach einigem Aufruhr wegen der persönlichen Geschichte der Transgender-Inhaberin beweist sich Lachmanina seit Längerem dank seiner Brote, Kuchen und anderen Leckereien.

95 Das Suzanne-Dellal-Center

Im Hof Schiffchen fahren lassen

Im Herzen Neve Zedeks liegt eine der wichtigsten und beliebtesten Kulturinstitutionen des Landes, das Suzanne-Dellal-Center für modernen Tanz und Theater. In drei Sälen finden Vorstellungen von israelischen Choreografen und Gruppen sowie von internationalen Gästen statt. Das Zentrum ist Heimat der Bat-Shewa-Dance-Company, der Inbal-Dance-Company und des Theaters Orna Porat für Kinder und Jugendliche. Nicht nur in den exzellenten Darbietungen, sondern in der Verbindung von historischem Ort und moderner Nutzung liegt ein besonderer Charme. Die einzelnen Gebäude des Centers waren ursprünglich Schulhäuser, von jüdischen Hilfsorganisationen in den 1890er Jahren gegründet. Mädchen und Jungen lernten hier zunächst getrennt, dann gemeinsam bis in die 1970er Jahre. In einem weiteren Gebäude war ursprünglich das Lewinsky-Lehrerseminar untergebracht. Die Renovierung des Areals war möglich durch die Hilfe der Familie Dellal aus London – in Erinnerung an ihre Tochter – und dauerte fünf Jahre. Mit der Eröffnung 1989 erhielt die Gentrifizierung des Viertels einen Schub. Es war in den 1960er Jahren so heruntergekommen, dass die Stadt plante, es abzureißen. Heute ist das unvorstellbar: Neve Zedek ist inzwischen größtenteils renoviert, und die Straßen sind voller Cafés, Restaurants und ausgefallener Geschäfte.

Das Suzanne-Dellal-Center ist das Herzstück des Viertels. In den großen Innenhöfen kann man auch wunderschön sitzen und rasten, wenn man keine Veranstaltung besucht. Sie wurden von dem Landschaftsarchitekten Shlomo Aronson geplant und mit dem renommierten Schechter-Preis ausgezeichnet. Während der südliche Hof über eine Rasenfläche und Palmen verfügt, ist der große Hof nur schlicht bepflanzt. Zitrusbäumchen werden von kleinen Wasserkanälen umspült, die unterirdisch miteinander verbunden sind, sodass man großen Spaß beim Schiffchen-fahren-Lassen haben kann.

Adresse Yehieli Street 5, Tel Aviv-Neve Zedek, www.suzannedellal.org.il | **ÖPNV** Bus 10, 11, 18, 37, Haltestelle Prof. Kaufmann / Shenkar, von dort über die Shenkar und Shlush Street in gut 10 Minuten bis zum Suzanne-Dellal-Center | **Öffnungszeiten** frei zugänglich | **Tipp** Vom Suzanne-Dellal-Center aus lässt sich das Viertel mit seinen pittoresken Gässchen gut erkunden. An der Shabazi Street Richtung Nordosten liegen viele der für Neve Zedek typischen Cafés und Geschäfte.

96_Die Tel Aviv Greeters

Die Stadt mit Freunden erkunden

Stadtführungen gibt es in Tel Aviv mindestens so viele, wie die Stadt Facetten hat. Ganz konventionell historisch, Bauhaus, durch einzelne Viertel, über die Märkte oder auf der Spur von Graffitis – für jeden Geschmack ist etwas dabei. Wer etwas ganz anderes erleben möchte, kann sich an die Tel Aviv Greeters wenden. Als Teil eines weltweiten Netzwerks bieten sie hier wie auch in New York und Chicago, Paris und London, Berlin und Rom die Möglichkeit, einen Stadtrundgang wie mit Freunden zu buchen. Die Idee hinter dem Greeter-Netzwerk ist, dass Anwohner ihre Stadt zeigen, kostenlos, aus reiner Begeisterung für ihr Zuhause.

Ein geniales Konzept, denn so können Besucher die Stadt aus ganz anderer Perspektive kennenlernen, Geschichten aus der Nachbarschaft erfahren und Leute vor Ort treffen. Auch wenn es in Tel Aviv nicht schwer ist, ins Gespräch zu kommen, eignet sich eine Greeter-Tour sehr gut, um mit der Stadt und ihren Bewohnern auf Tuchfühlung zu gehen.

Der Service ist zwar kostenlos, aber nicht unverbindlich. Drei Wochen vorher sollte man sich anmelden und muss dabei auch genaue Angaben zu Person und Verweilort machen. Laila, die überaus nette Koordinatorin, bemüht sich dann, die nach Alter und Interessen passenden Leute zusammenzuführen. Auswahl an Greetern gibt es genug.

So zum Beispiel Doron, der seine Besucher gerne am Freitag trifft und mit ihnen dann über den Rothschild-Boulevard und den Levinsky-Markt, durch Neve Zedek bis zur Tachana (s. Seite 68) schlendert, wo er sie in sein Stammlokal mitnimmt. Am Freitag, so Doron, habe Tel Aviv eine ganz besondere Atmosphäre, die er nirgendwo anders auf der Welt gesehen habe. Zwischendrin erzählt er davon, wie sich die Stadt verändert, zeigt kleine versteckte Cafés, lässt seine Besucher an Gewürzen und Nüssen schnuppern und gibt ein Malabi aus. Ein Spaziergang mit Freunden zum Auftakt des Wochenendes.

97 __ Das Tel-Aviv-Museum

Neubau mit dem schönsten Restaurant der Welt

2011 weihte das Tel-Aviv-Museum of Art seinen Erweiterungsbau ein: das Herta-und-Paul-Amir-Gebäude. Durch einen Übergang am Rande des Skulpturengartens ist es mit dem Altbau verbunden, der seit 1971 an seinem jetzigen Ort am Schaul-haMelech-Boulevard zwischen der Stadtbibliothek Beit Ariela (s. Seite 38) und dem Gericht residiert. Das Museum beheimatet nicht nur die bedeutendste Sammlung israelischer Kunst seit den 1920er Jahren, sondern auch einen eindrucksvollen Querschnitt internationaler Kunst vom 19. Jahrhundert bis zur Gegenwart, darunter Arbeiten von Chagall, Kandinsky und Picasso.

Der Erweiterungsbau wurde von Architekt Preston Scott Cohen, der an der Harvard Graduate School of Design lehrt, geplant. Die fünf Ebenen, auf denen sich ineinander verschachtelt die Ausstellungsräume erstrecken, sind durch das lichtdurchflutete, spiralförmige Atrium miteinander verbunden, von Preston als »lightfall« bezeichnet. Eröffnet wurde 2011 unter anderem mit einer großen Werkschau Anselm Kiefers. Im neuen Haus ist auch die »Galerie der Deutschen Freunde« untergebracht. Sie eröffnete mit einer Sammlung von Grafiken des deutschen Expressionismus und zeigt wechselnde Ausstellungen mit kulturdeutschem Hintergrund.

Wer sich vom Museumsgang ausruhen will, kann das im schönsten Restaurant der Welt tun: der Pastel Brasserie im Museumsneubau. Sie gewann 2014 den »International Space Design Award–Idea Tops«. Das in dunklen Tönen gehaltene Design von Alon Baranowitz und Irene Kronenberg verschmilzt harmonisch mit der Architektur des Gebäudes. Das Pastel folgt einem Trend in großen Museen, der weg von der schnöden Cafeteria, hin zu stylishen Restaurants geht, die auch für Nicht-Museumsbesucher zugänglich sind. Auszeichnung hin oder her, die Brasserie ist definitiv ein schönes Plätzchen, um das Gesehene Revue passieren zu lassen, mit einem kleinen oder großen Happen dazu.

HERTA & PAUL AMIR BUILDING

TEL AVIV MUSEUM OF ART מוזיאון תל אביב לאמנות

הבניין ע"ש שמואל והרטה עמיר

Adresse Shaul-haMelech-Boulevard 27, Tel Aviv-Neuer Norden | **ÖPNV** Bus 9, 38, 82, Haltestelle Beit haMischpat / Sderot Schaul haMelech | **Öffnungszeiten** Mo, Mi, Sa 10–18 Uhr, Di, Do 10–21 Uhr, Fr 10–14 Uhr | **Tipp** Ebenfalls zum Tel Aviv Museum of Art gehört The Helena Rubinstein Pavilion for Contemporary Art am Kikar haBimah, der wechselnde Ausstellungen zu zeitgenössischer Kunst unterschiedlicher Richtungen zeigt.

98__Der Trumpeldor Friedhof

Ein Gang durch Politik und Kultur des Jischuw

Der Trumpeldor Friedhof wurde 1902 angelegt, als in Jaffa eine Choleraepidemie herrschte und die ottomanische Regierung Beerdigungen auf dem alten jüdischen Friedhof untersagte. Shimon Rokach (s. Seite 162), der zu den Begründern von Neve Zedek gehörte, erhielt damals, sieben Jahre vor der Gründung der Stadt Tel Aviv, von der Regierung ein Stück Land weit nördlich der bisherigen Besiedelung, um hier den Friedhof anzulegen.

Wenn man das Eingangstor in der schmalen, einspurigen Trumpeldor Straße passiert, geht man zuerst an Massengräbern vorbei, in denen die Opfer der arabischen Unruhen von 1921, unter ihnen auch der Schriftsteller Josef Chaim Brenner, und 1929 und des arabischen Aufstands von 1936 bis 1939 bestattet wurden. Im östlichen Teil des unübersichtlichen, hügeligen Areals sind die ältesten der etwa 5.000 Gräber zu finden. Im Südwesten dagegen liegen die Berühmtheiten. Bis 1932 war der Friedhof der einzige in der Stadt, sodass man quasi das »Who's Who« des Jischuw hier finden kann. Hier wurden viele der Stadtgründer wie Shimon Rokach, Aharon Schlusch und Menachem Sheinkin, Politiker, allen voran Bürgermeister Meir Dizengoff, sowie Zionisten wie Max Nordau, Ahad haAm und Chaim Arlosoroff beerdigt. Der hebräische Nationalpoet Chaim Nachman Bialik fand hier ebenso die letzte Ruhe wie auch Ephraim Kishon.

Schon lange gibt es hier fast keine Plätze mehr, und die verbliebenen werden für sehr teures Geld verkauft. So soll das Grab der jemenitischen Sängerin Schoschana Damari 2006 eine Viertelmillion Schekel gekostet haben. Einer der letzten »Neuzugänge« ist ebenfalls ein Musiker, der im November 2013 verstorbene Sänger und Schauspieler Arik Einstein, dessen Musik als Soundtrack der Geschichte des Landes bezeichnet werden kann. Sein Grab ist am südwestlichen Ende des Areals, nahe der Friedhofsmauer, zu finden. Der rötliche Grabstein ist von Weitem gut zu sehen.

Adresse Trumpeldor Street 19, Tel Aviv-Stadtmitte | **ÖPNV** Bus 22, 66, Halte-
stelle Trumpeldor/Pinsker, Gegenrichtung: Bograshov/Pinsker | **Öffnungszeiten**
Sommerzeit So–Do 6.30–19 Uhr, Fr 6.30–14 Uhr, Winterzeit So–Do 6.30–17 Uhr,
Fr 6.30–14 Uhr | **Tipp** Arik Einstein wohnte nicht weit vom Ort seiner letzten Ruhe,
in der Chovevei Zion Street 40. Vor dem Haus wurde ein Denkmal errichtet, ein grauer
Fels mit einer zerbrochenen Gitarre und den Worten von Arik Einsteins berühmtem
Lied »Ani we-ata«: »Ich und du, wir werden die Welt verändern.«

99 Die Unabhängigkeitshalle

»Gleich allen anderen Völkern ...«

Das Bild ist ins kollektive Gedächtnis der Israelis gebrannt: David Ben Gurion, an einem langen Tisch zwischen seinen Ministern stehend, ruft am 14. Mai 1948 den Staat Israel aus. »Gleich allen anderen Völkern, ist es das natürliche Recht des jüdischen Volkes, seine Geschichte unter eigener Hoheit selbst zu bestimmen«, verliest er unter anderem aus der Unabhängigkeitserklärung. Das Stadtmuseum, einst das Haus von Tel Avivs erstem Bürgermeister Meir Dizengoff, an den eine Statue in der Mitte des Boulevards vor dem Haus erinnert, war sparsam dekoriert, das Podium mit einem einfachen Tisch bestückt, die geladenen Gäste saßen auf kargen Holzstühlen. Heute kann man dort im Museum der Atmosphäre jener Tage nachspüren. Der Raum ist noch genauso erhalten, und man kann sich die Aufbruchsstimmung vorstellen, die im Mai 1948 herrschte.

Viele Jahre war das Museum in einem traurigen Zustand. Die Schautafeln hatten an Farbe verloren, die völlig konservative Ausstellung war wenig attraktiv. 2009 wurde endlich eine Renovierung beschlossen, die dem Haus der Unabhängigkeit zu neuem Glanz verhelfen soll. Das Museum wird sich dann über drei Stockwerke ziehen. Bis dahin ist es allerdings noch ein weiter Weg, und derzeit kann nur der Raum im Erdgeschoss besichtigt werden.

Eine kleine Neuerung ist im Eingangsbereich über dem Durchgang zum Hauptraum zu sehen: Bei der Renovierung wurde eine Keramiktafel der Künstlerin Chava Samuel gefunden. Die Tafel, eine schlichte Platte, die den Ort der Ausrufung von Israels Unabhängigkeit benennt und mit einer Menora verziert ist, war jahrzehntelang durch eine Holzplatte verhängt. Chava, eigentlich Eva Samuel, Tochter eines Rabbiners in Essen, wanderte 1932 nach Palästina aus. Sie war zu diesem Zeitpunkt bereits ausgebildete Keramikerin, arbeitete in einem Studio in Rischon leZion und gehört zu den Gründerinnen der eretz-israelischen Keramikkunst.

Adresse Sderot Rothschild 16, Tel Aviv-Stadtmitte | **ÖPNV** Bus 3, 31, 72, Haltestelle Allenby / Sderot Rothschild, Gegenrichtung: Allenby / Ahad haAm, Bus 4, 16, 17, 25, 31, Haltestelle Allenby / Beit haKnesset haGadol | **Öffnungszeiten** So–Do 9–17 Uhr, Fr 9–14 Uhr | **Tipp** Wenig weiter in der Mitte des Boulevards befindet sich das Denkmal für die Stadtgründer mit den Namen der 66 Familien, die zu Achusat Bait gehörten. Es steht an der Stelle, an der der erste Brunnen der Siedlergemeinschaft lag.

100___Der Unabhängigkeitspark

Zwischen Meer und Agaven-Dschungel

Der Unabhängigkeitspark hat eine wechselvolle Geschichte. Schon im ersten Masterplan der Stadt wurde das Areal, auf dem sich ein muslimischer Friedhof befand, als Grünanlage gekennzeichnet. Nachdem dort Militär untergebracht gewesen war, sollte es noch bis 1952 dauern, bis der Park als solcher eingeweiht wurde.

In der ersten Zeit war er die größte Grünanlage der Stadt und im Stil eines englischen Gartens mit gepflegten Rasenflächen und diversen Skulpturen zunächst ein wahres Schmuckstück. Anfang der 1960er Jahre wurden die Überreste des muslimischen Friedhofs entfernt, um Platz für den Bau des Hilton Hotels zu schaffen. Trotz der Einwände aus der arabischen Bevölkerung sowie auch gegen Vorbehalte aus ästhetischer Sicht wurde das Hotel mitten in den Park gestellt. Die Stadt beugte sich damit dem Druck der Regierung, die die internationale Kette nach Israel bringen wollte. Seitdem ist der Park zweigeteilt, was sich nachteilig auswirkte. Mit den Jahren vernachlässigte man außerdem seine Pflege, er wurde nach und nach verschmutzt, verwachsen und ein Cruising-Treffpunkt für Homosexuelle.

Der Unabhängigkeitspark spielt in der homosexuellen Kultur des Landes eine wichtige Rolle und ist beispielsweise in Jossi Avnis Buch »Der Garten der toten Bäume« verewigt.

Nachdem der südliche Teil bereits in den 1990er Jahren renoviert worden war, erhielt der nördliche Abschnitt 2009 ein gründliches Facelift. Jetzt ist der Park wieder ein Schmuckstück, das mit der ganzen Familie erkundet werden kann. Von den bis zu 20 Meter hohen Kalksandsteinklippen bietet sich ein wunderschöner Ausblick über das Meer bis nach Jaffa. Auch die Pflanzenwelt des Parks ist ausgesprochen sehenswert: Agaven, Tamarisken, Prosopis-Bäume und zahlreiche Lampenputzergräser. Die vielen Statuen, der Mosaikspringbrunnen und ein Spielplatz laden zum Rundgang und Innehalten ein.

Adresse haYarkon Street zwischen Kikar Atarim und Sderot Nordau, Tel Aviv-Neuer Norden | **ÖPNV** Bus 4, 9, 13, Haltestelle Ben Yehuda/Jabotinsky | **Öffnungszeiten** frei zugänglich | **Tipp** An der Ecke Jabotinsky/Ben Yehuda Street liegt eine Filiale des Café Benedict, das in den letzten Jahren sehr beliebt wurde, vor allem bei Nachtschwärmern. Hier kann man nämlich 24 Stunden sieben Tage die Woche frühstücken, im englischen, amerikanischen, französischen und natürlich israelischen Stil, süß und deftig.

101 Das Ussishkin-Haus

Erinnerung an einen fast vergessenen Architekten

Der deutsch-jüdische Architekt Alexander Levy wurde 1883 geboren und arbeitete nach dem Architekturstudium in leitender Stellung in einem erfolgreichen Berliner Büro. Schon früh war Levy zionistisch engagiert und wanderte 1920 nach Palästina aus, wo er in Tel Aviv ein kleines Büro eröffnete. Eines der wunderbaren Gebäude im eklektischen Stil, die er in jenen Jahren realisierte, steht an der Kreuzung von haYarkon und Allenby Straße. 1922 für den Zionisten-Führer Menachem Ussishkin geplant, ist es nach ihm benannt, wenn er auch nur sehr kurz darin lebte. Wunderschöne Details, wie die hohen Spitzbögen oder die steinverzierte Lunette, offenbaren sich erst, wenn man direkt davorsteht und sich die Zeit nimmt, darum herumzugehen.

Alexander Levy blieb nicht lange in Palästina, die schlechte Auftragslage und allgemeine Schwierigkeiten, sich im Land anzupassen, führten dazu, dass er 1927 nach Berlin zurückkehrte. 1932 zog er aus Sorge um die politische Entwicklung nach Paris. Levy wurde im August 1942 nach Auschwitz deportiert und dort ermordet. Das Haus blieb bis in die 1990er Jahre noch in Besitz der Familie Ussishkin und wurde dann, mittlerweile in desolatem Zustand, an eine Investorengruppe verkauft. Mit der Auflage, die ursprüngliche Fassade zu wahren, genehmigte die Stadt eine Renovierung, in deren Zuge zwei weitere von Glasfassaden gesäumte Stockwerke angefügt wurden. Vom Ussishkin-Haus blickt man Richtung Meer auf einen kleinen Platz, den heute ein Springbrunnen ziert. Genau dort, wo heute der Opera Tower steht, war in den 1940er Jahren das Kessem Kino zu finden. 1949 wurden darin die ersten Knesset-(Parlaments-)Sitzungen abgehalten, bis die Knesset im Dezember nach Jerusalem umzog. Danach war die israelische Oper bis 1982 im Haus ansässig. Der Platz änderte laufend seinen Namen, die meisten kennen ihn als Opern-Platz, aber tatsächlich heißt er »Platz der Knesset«.

Adresse haYarkon Street 52, Tel Aviv-Stadtmitte | **ÖPNV** Bus 13, 16, 17, 31, 63, 66, Haltestelle haYarkon/Allenby, Gegenrichtung auch Allenby/haKovshim | **Tipp** Nur einige Häuser weiter, an der Allenby Street 11, steht ein weiterer eindrucksvoller Bau von Alexander Levy, ein Wohnhaus, das den Spitznamen »Admiralitätshaus« erhielt. Seit 2014 erstrahlt es nach umfassender Renovierung in gelbem Glanz.

102 Die Verkehrsinsel

Große Kulisse am König-Albert-Platz

Es sind sicher die zwei Bänke mit dem schönsten Ausblick, wenn man sich für Architektur interessiert. Der kleine, nach dem belgischen König Albert I. benannte Platz im Herzen der Stadt hat in der Mitte eine Verkehrsinsel, die gerade so groß ist, dass zwei mächtige Ficus-Bäume und zwei Bänke daraufpassen. Zugegeben, unter der Woche wird der Verkehr einem das Vergnügen leidig machen. Am besten sitzt es sich hier am Freitagnachmittag, wenn das Licht weich wird und Stille über der Stadt einkehrt. Dann kann man sich in Ruhe die Bauten ansehen, die den Platz umgeben. Im Westen sticht das Beit haPagoda hervor, das der Amerikaner Morris Bloch 1925 erbauen ließ. Das Haus wurde von Architekt Alexander Levy (s. Seite 210) geplant und die von Bloch favorisierte Pagodenbauweise um Balkone, die im heißen Tel Aviv unerlässlich sind, ergänzt. Bloch lebte selbst im Haus, im oberen Stockwerk wohnte der polnische Konsul, für den extra ein Aufzug eingebaut wurde. Nach dem Tod Blochs siedelten sich kleine Betriebe im Haus an, im Hof wurden Blumen verkauft, Ärzte hielten dort Praxis, und auch eine kleine Synagoge zog ein. Mit den Jahren verfiel das Haus zunehmend, und erst nach langwieriger Restaurierung in den 1990er Jahren befinden sich hier wieder Wohnungen.

Südlich hat ein Bau von Dov Karmi, einem der führenden Bauhaus-Architekten des Landes, eine interessante Transformation durchlebt: Das Haus wurde entkernt, der Sohn des Architekten, Ram Karmi, plante dahinter einen postmodernen Bau. Die Fassade ist außerdem von einem Metallmuster des Künstlers Uri Lifshitz überzogen, das mit den Bäumen in der Mitte des Platzes und deren Schatten korrespondiert.

Auch die übrigen eklektizistischen Gebäude rund um den Platz sind heute alle renoviert und geben dem Betrachter ein wenig das Gefühl, im Ausland zu sein, auf einer ruhigen Bank in Paris zum Beispiel.

Adresse Kikar haMelech Albert, Kreuzung Nachmani, Montefiori, Bezalel Yafe Street, Tel Aviv-Stadtmitte | **ÖPNV** Bus 5, 142, Haltestelle Sderot Rothschild / Nachmani oder Sderot Rothschild / haBursa | **Tipp** Brioche und Milchkaffee im Café Ben Ami an der nordöstlichen Ecke des Platzes helfen, das Paris-Feeling zu intensivieren. Alle Kuchen und Quiches sind dort sehr zu empfehlen.

103___The Voice of Peace

Abie Nathan und sein legendärer Piratensender

»From somewhere in the Mediterranean, we are ›The Voice of Peace‹.« Der Jingle ist noch immer gut bekannt, auch wenn der einstige Piratensender schon lange nicht mehr existiert. Auch der Gründer von Kol haShalom, der »Stimme des Friedens«, ist mittlerweile verstorben.

Abie Nathan, 1927 im Iran geboren, war Pilot bei der britischen Luftwaffe und kämpfte im Israelischen Unabhängigkeitskrieg. Später arbeitete er als Pilot bei El Al und eröffnete ein beliebtes Restaurant in Tel Aviv. 1965 kandidierte er für die Knesset (Parlament), erhielt jedoch nicht genug Stimmen. Trotzdem versuchte er, sein Wahlversprechen, eine Friedensbotschaft nach Ägypten zu bringen, wahr zu machen, und flog am 28. Februar 1966 mit einem kleinen Doppeldecker-Schulflugzeug nach Port Said. Seine Botschaft konnte Nathan nicht überbringen, er wurde festgenommen und nach Israel zurückgeschickt, aber der legendäre Flug machte ihn zum Helden der Friedensbewegung.

Auf der Suche nach anderen Wegen, seine Friedensbotschaft zu verbreiten, gründete er 1973 einen Piratensender, der 20 Jahre lang 24 Stunden am Tag von einem Schiff aus sendete, das fünf Kilometer vor Tel Avivs Küste verankert war. »The Voice of Peace« war der erste kommerzielle Radiosender in Israel, spielte die angesagteste Musik, von DJs aus England auf dem Schiff aufgelegt, Musik, die es im israelischen Radio bis dahin nicht zu hören gab, und wurde äußerst beliebt, vor allem bei jungen Leuten. Mit den Hoffnungen, die der Friedensprozess von Oslo 1993 weckte, entschloss sich Abie Nathan, den Sender einzustellen, versenkte das Schiff und wandte sich anderen humanitären Projekten zu.

Am Gordon-Strand erinnert eine kleine Gedenktafel an den Sender. Daneben ist ein Lautsprecher, der auf Knopfdruck die bekannten Jingles wiedergibt, kurz die Geschichte von »The Voice of Peace« erzählt und auch Abie Nathan selbst zu Wort kommen lässt.

Adresse Gordon-Strand, Tel Aviv-Alter Norden, die Tafel ist in die Wand eingelassen, direkt an der Rampe, die in der Verlängerung der Gordon Street nach unten zum Strand führt | **ÖPNV** Bus 4, 10, 13, Haltestelle Ben Yehuda / Gordon | **Tipp** Das La Land am Gordon-Strand ist sowohl tagsüber für einen Kaffee wie auch abends für ein Bier eine gute Adresse. Mit den Füßen im Sand lässt sich dort wunderbar der Sonnenuntergang beobachten.

104_ Der Washington-Boulevard

Tel Avivs kleinster Boulevard in Florentin

Ausgerechnet der kleinste Boulevard in Tel Aviv trägt den Namen Washington, benannt nach dem ersten Präsidenten der USA. Ganze 150 Meter ist der Washington-Boulevard (hebräisch Sderot Washington) lang und verbindet die Salame mit der Florentin Straße. Im einstigen Arbeiterviertel Florentin sind diese 150 Meter Freifläche ein wahrer Schatz. Während der Woche platzt Florentin aus allen Nähten. In den kleinen Gassen mit Handwerksbetrieben und Geschäften ist immer Trubel, Autos schieben sich auf verzweifelter Parkplatzsuche mittendurch. Zudem wurde die eine Seite des kleinen Boulevards bis vor einigen Jahren zum Parken genutzt, bis die Stadt ihn saniert und in eine Fußgängerzone umgewandelt hat. Jetzt gibt es viel Platz zum Sitzen unter den großen alten Ficus-Bäumen. Die 150 Meter Boulevard bieten eine bizarre Mischung aus Alt und Neu. Neben dem seit Jahrzehnten ansässigen Polsterer findet man einen alternativen vegetarischen Schawarma-Imbiss, zwischen Szene-Café und Kunstgalerie eine kleine Synagoge, die erst kürzlich renoviert wurde.

Am Ende des Boulevards, an der Ecke Florentin Straße, gab es eine legendäre Bäckerei, die Saloniki Bäckerei, die 40 Jahre lang traditionelle griechische Backwaren angeboten hat. Letztendlich musste sie einem Neubau weichen. Geblieben ist das Bugsy an der gleichen Ecke – tagsüber gemütliches Café und abends angesagte Bar mit Live-DJs. Seit elf Jahren hier, war das Bugsy lange die einzig gute Kneipe im Viertel. Längst ist es zu einer Institution geworden, nicht zuletzt auch wegen des leckeren Menüs. Und die Pommes im Bugsy zeigen endlich einmal, warum Pommes im Hebräischen »Chips« genannt werden.

Warum im Übrigen der Boulevard nach Washington benannt ist, weiß heute keiner mehr. Um ihn herum tummeln sich jedenfalls Zionisten-Straßen, die ihn auch namentlich zu einer kleinen Insel in Florentin machen.

Adresse Sderot Washington, zwischen Derech Salame und Florentin Street, Tel Aviv-Florentin | **ÖPNV** Bus 1, 25, 42, 83, Haltestelle Derech Salame / Ben Atar, Gegenrichtung: Derech Salame / Abulafia | **Tipp** Das Lehi-Museum in der Avraham Stern Street 8, in der Verlängerung des Washington-Boulevards, zeigt die Geschichte des Lehi, einer rechtsgerichteten paramilitärischen Kampforganisation. Ihr Gründer Stern wurde im Februar 1942 in diesem Haus von britischen Polizisten erschossen.

105__Die Yael Straße
Kleine Straße mit großen Bauten

Eine besonders schöne Verdichtung von Häusern des internationalen Stils, die Tel Avivs »Weiße Stadt« bilden, findet man rund um die kleine, ruhige Yael Straße. Den Anfang macht das Dunkelblum-Haus (Nummer 3), ein stattliches Wohnhaus, das von Oskar Kaufmann für den Juristen und späteren Richter am Obersten Gerichtshof Menachem Dunkelblum erbaut wurde. Kaufmann, in Ungarn geboren und in Karlsruhe ausgebildet, war auf Theaterbau spezialisiert und lebte und arbeitete in Berlin. Der Auftrag, ein Theater für das haBimah-Ensemble zu bauen, brachte ihn im Sommer 1933 nach Tel Aviv. Auch das Haus in der Yael Straße erinnert ein wenig an ein Theater. Wie eine kleine Bühne mit seitlichen Aufgängen erhebt sich ein Balkon über dem Eingang. Bemerkenswert sind auch die ungewöhnlich gewölbten Fensterformen. Der internationale Stil passte sich in Tel Aviv dem Klima an, das lässt sich hier beispielsweise an den Balkonen sehen, deren klare Linie durch ein Belüftungsgitter unterbrochen ist. Auch das Haus Rosenwasser (Yael Straße 5) entspricht nicht den üblichen europäischen Standards: Hier versahen die Architekten Yehuda Fogel und Shlomo Mokeri die Balkone auf der gesamten Länge mit Schlitzen. Das Treppenhaus ist durch Bullaugen-Fenster belüftet, die genau wie die braune Keramik rund um die Eingangstür direkt aus Deutschland importiert wurden.

Viele Baumaterialien kamen im Zuge des sogenannten Haavera-Abkommens nach Palästina, das die Jewish Agency mit dem Reichsministerium für Wirtschaft schloss, um jüdischen Emigranten zu ermöglichen, zumindest einen Teil ihres Vermögens nach Palästina zu transferieren. Dafür wurden deutsche Waren gekauft und unter anderem im Hausbau eingesetzt. Auch das Haus in der Ruth Straße 4 profitierte von dem Abkommen, so kann man beispielsweise einen wunderschönen Briefkasten aus Holz, der noch original aus den 1930er Jahren stammt, auch von außen bewundern.

Adresse Yael Street, zwischen Shulamit und Shlomo haMelech Street, Tel Aviv-Alter Norden | **ÖPNV** Bus 5, 39, 61, 72, Haltestelle Kikar Dizengoff/Dizengoff, Gegenrichtung: Beit Lessin/Dizengoff, von dort über den Dizengoff Platz, durch Zamenhoff und Shulamit Street | **Tipp** Das Cafelix aus dem Noga-Viertel (s. Seite 148) hat eine Filiale in der Shlomo haMelech Street 12 gleich ums Eck, wo man den vorzüglichen Kaffee dieser Rösterei auf einem Balkon im Hochparterre eines Bauhauses genießen kann.

106_ Das Yafa

Begegnung der Kulturen durch Literatur

Eine Buchhandlung in Jaffa, wohlgemerkt eine, die arabische Bücher verkauft – das gab es vor gut zehn Jahren noch nicht, obwohl Jaffa heute immerhin 17.000 arabische Bewohner hat. Wer arabische Literatur kaufen wollte, musste früher nach Jerusalem oder Haifa fahren, in Ramle, wo Michel El-Raheb aufwuchs, oder in Jaffa war sie nicht zu bekommen. Michels Liebe zur Literatur traf auf Dina Lees Wunsch, einen Ort des Dialogs und der Verständigung zu schaffen, und so wurde das Yafa geboren. Der christliche Araber und die Jüdin eröffneten 2003 gemeinsam diesen Buchladen, der auch ein Café ist.

Arabische Literatur ist hier im Original und in hebräischer und englischer Übersetzung erhältlich, genauso wie Bücher zum Nahostkonflikt und der arabischen Welt im Allgemeinen. Man kann sich in das gemütliche, in Türkis gehaltene Café setzen, wo es eine gute Auswahl an einfachem Essen gibt, eine Mischung aus arabischer Küche und Tel Aviver Kaffeehaus-Stil, und dabei in den Büchern schmökern. Obwohl mitten während der Zweiten Intifada eröffnet, wurde das Yafa schnell zu einem gut besuchten Kulturzentrum mit Filmabenden, Buchvorstellungen und Vorträgen. Dina Lee verstarb 2012, aber die Partnerschaft brach schon zuvor auseinander. Michel führt das Yafa weiter.

Heute bietet das Yafa Arabisch-Sprachkurse und Workshops an, aber die Zahl der Veranstaltungen hat abgenommen. Dennoch ist das Yafa ein guter Platz, um arabische Kultur kennenzulernen. Michel ist meistens selbst anwesend und für Gespräche offen. Ob das arabische intellektuelle Leben in Jaffa wieder angekurbelt wurde, wie es einmal Michels Vision war, ist nicht so einfach zu beantworten. Das Yafa bleibt eine Insel. Dies gilt auch für seine Funktion als Ort der Begegnung, denn natürlich kommen nur solche Interessierten hierher, die sowieso schon für Dialog offen sind. Dennoch, es lohnt sich, diese Insel zu besuchen.

Adresse Yehuda haMargoza Street 33, Tel Aviv-Jaffa Nord, www.yafabook.co.il | **ÖPNV** Bus 10, Haltestelle Yefet / Louis Pasteur, Bus 37, Haltestelle Yehuda Margoza / Yefet | **Öffnungszeiten** So–Do 8–23 Uhr, Fr 8–18 Uhr, Sa 10.30–23 Uhr | **Tipp** Etwas weiter die Yefet Street hoch steht die St. Anthony's Church, eine katholische Kirche, wo täglich Messen in Englisch und Arabisch stattfinden (www.jaffatsparish.com).

107 Die Yarkon-Brücke

Papageien-Spektakel zum Sonnenuntergang

Man kann es sich nur schwer vorstellen, aber die Brücke über den Yarkon-Fluss, wo heute Derech Namir entlangführt, war noch in den 1950er Jahren die größte Brücke im ganzen Land. Ihre Anfänge liegen in der Zeit des Ersten Weltkriegs, als britische Truppen den Yarkon mit einer Schiffsbrücke überwanden. Erst 1927 wurde diese durch eine Betonbrücke ersetzt. Nach 1948 begann der zunehmende Verkehr sie zu überfordern, denn Tel Aviv wuchs weiter Richtung Norden, und die neuen Wohnviertel wie Ramat Aviv wurden über die Brücke angebunden.

1958 wurde schließlich eine neue Brücke eingeweiht. Ihr Erkennungsmerkmal, die hohen Stahlbögen, hat sie bis heute behalten. Damals galten sie als Symbol der modernen Stadt. Die Brücke fand in unterschiedlichen kulturellen Bezügen Erwähnung. Sie war Namensgeber für das Gesher-haYarkon-Trio, das zwar nur zwei Jahre, zwischen 1964 und 1966, bestand, aber aufgrund seiner Mitglieder, Arik Einstein, Yehoram Gaon und Beni Amdursky, sehr bekannt war. Die Brücke war Gegenstand eines legendären Sketches der beliebten TV-Sendung »Sehu se«. So ein echtes Symbol will erobert werden, darum haben sich Motorradfahrer der Stadt gekümmert, die in waghalsigen Manövern, die die Polizei nur schwer unterbinden konnte, auf den Stahlbögen der Brücke fuhren.

In den 1970er Jahren wurde die Brücke erneut erweitert und zusätzlich ein kleiner, etwas tiefer gelegter Fußgängerübergang hinzugefügt. Von dort kann man, vom Straßenlärm etwas abgeschirmt, wunderbar die Aussicht über den Fluss und auf den Sonnenuntergang genießen. Vor allem am Wochenende sind viele Boote unterwegs, und in den Sommermonaten kann man am Abend ein ganz besonderes Schauspiel beobachten: Mit viel Geschrei fliegen Hunderte der grünen Papageien – Halsbandsittiche, die zu Tausenden verwildert im Yarkon-Park leben – zu ihren Schlafplätzen, den großen Eukalyptusbäumen am Fluss.

Adresse Derech Namir zwischen Bnei Dan Street und Sderot Rokach, Tel Aviv-Neuer Norden | **ÖPNV** Bus 22, 25, 45, 89, Haltestelle Derech Namir / Yehuda haMaccabi | **Tipp** Am Freitagnachmittag trainiert der A.S.A. Tel Aviv Rugby Club auf der Wiese zwischen Brücke und Sportek. Am Wochenende finden hier oft Spiele statt, die man als Besucher kostenlos ansehen kann.

108 Die Yehuda haLevy Straße

Zwischen Ahusat Bait und Bankenviertel

Die Entwicklung der Stadt Tel Aviv kann man nirgends so gut nachempfinden wie bei einem Spaziergang durch die Yehuda haLevy Straße. Benannt nach dem bedeutenden Dichter, Philosophen und Arzt Rav Yehuda haLevy, der im mittelalterlichen Spanien wirkte, erstreckt sich die Straße über knapp zwei Kilometer von Neve Zedek bis zur Ibn Gvirol Straße und verbindet verschiedene Kapitel der Stadtgeschichte. »Mein Herz ist im Osten, mein Körper im äußersten Westen«, schrieb Yehuda haLevy. Auch wenn er damit auf Jerusalem und Spanien anspielte, passt das Zitat wunderbar auf diese einst längste Straße Tel Avivs.

Den Spaziergang sollte man in Neve Zedek beginnen und der Straße nach Norden folgen. Das überhaupt erste Haus Tel Avivs wurde hier in der Yehuda haLevy Straße Nummer 25 erbaut, nur wenige Monate nach der Auslosung der Parzellen der Ahusat-Bait-Gemeinschaft. Leider wurde es in den 1960er Jahren abgerissen. Die Yehuda haLevy war eine der ersten fünf Straßen Tel Avivs und gleichzeitig die südlichste der Ahusat Bait. Dahinter verlief, heute kaum mehr vorstellbar, nur noch die Eisenbahnstrecke von Jaffa nach Jerusalem.

Es folgt ein Abschnitt mit einer eigentümlichen Mischung aus zweistöckigen Gebäuden der 1920er Jahre und verspiegelten Bürohochhäusern. Die Straße ist auch ein Synonym für das israelische Bankenwesen, denn die drei großen Banken Poalim, Leumi und Discount haben hier ihre Hauptbüros. An der Kreuzung mit der haRakevet Straße, wo die Eisenbahnstrecke einen Bogen machte, gab es bis 1970 eine Haltestelle, die später auch Endhaltestelle war, »Tel Aviv Süd«. Im weiteren Verlauf führt die Straße mit vielen Gebäuden im internationalen Stil, die hier jedoch alle nicht renoviert sind, parallel zum Rothschild-Boulevard bis zur Ibn Gvirol Straße, deren südlicher Teil bis in die 1950er Jahre ebenfalls noch zur Yehuda haLevy gehörte.

Adresse Yehuda haLevy Straße, beginnend von Pines Street, Tel Aviv-Neve Zedek | **ÖPNV** Bus 40, 41, Haltestelle Eilat / Shlush | **Tipp** Nahe der Kreuzung Lincoln Street, wo das Israelische Zentrum für Vermessung in einem denkmalgeschützten Gebäude residiert, wurde erst kürzlich eine neue Grünanlage mit einem ökologischen Teich angelegt, die ein herrliches kleines Refugium in der sonst dicht bebauten Gegend ist.

109_Die Zamenhof-Klinik

Das einstige Herzstück der Krankenkasse

Im Frühjahr 2012 ging eine Ära zu Ende – die Ära der Zamenhof-Klinik. Über 75 Jahre war in der Zamenhof Straße, einer Querstraße der King George, die zentrale Klinik der allgemeinen Krankenkasse Kupat Cholim Clalit untergebracht. »Ich muss in die Zamenhof« – längst ein geflügeltes Wort für den Gang zum Arzt. Das Gebäude wurde zwischen 1934 und 1936 auf landwirtschaftlich genutztem Grund erbaut, und zwar im internationalen Stil, so wie man es in jener Zeit schätzte: ein schlichtes Gebäude, alle Fenster in Reihen, keine Balkone, abgerundete Ecken, glatt und einfach. Später kam eine Erweiterung hinzu, sodass das Areal insgesamt 4.700 Quadratmeter einnahm.

Zamenhof war über viele Jahrzehnte hinweg eine der wichtigsten Kliniken der Kupat Cholim Clalit, wo viele Fachärzte, aber auch Notfalldienste untergebracht waren. Und sie war lange Zeit das Modernste, was die Krankenkasse zu bieten hatte. Noch zu Beginn des 20. Jahrhunderts gab es in Palästina kein umfassendes System der Krankenversorgung. Für 1909, im Jahr der Gründung Tel Avivs, sind lediglich 27 jüdische Ärzte im ganzen Land nachweisbar. Erst durch die Einwanderung deutsch-jüdischer Ärzte konnten Disziplinen wie Röntgenologie, Orthopädie und so weiter in Palästina begründet werden, und eine Revolutionierung des Gesundheitswesens brach an. Auch in der Zamenhof wirkten zahlreiche deutsche Ärzte.

Doch die guten Zeiten der Zentralklinik sind lange vorüber und das Gebäude schon lange nicht mehr zeitgemäß. 2005 wurde beschlossen, Zamenhof aufzugeben, zu verkaufen und die einzelnen Abteilungen auf andere große Praxen zu verteilen. Da die Stadtverwaltung das Gebäude als erhaltenswert einstufte, musste der Bauträger, der am Gelände 50 Wohneinheiten schuf, die Westfront stehen lassen, sodass zumindest eine eindrucksvolle architektonische Erinnerung an die einstige Zentralklinik bleibt.

Adresse Zamenhof Street, Ecke Shimshon haGibor, Tel Aviv-Alter Norden | **ÖPNV** Bus 18, 25, 38, 82, Haltestelle haMelech George / Zamenhoff / Kikar Masaryk | **Tipp** Die Zamenhof Street, die nach dem Erfinder des Esperanto, dem aus Russland stammenden Juden Ludwik Lejzer Zamenhof, benannt ist, hat Richtung Westen noch einige Bauhäuser zu bieten. Sie endet am Kikar Dizengoff (s. Seite 64) neben dem wunderschön sanierten Cinema Hotel, in dem einst das Kino Esther zu Hause war. Ein Blick in die Lobby lohnt sich.

110 Das Zentrum Weiße Stadt

Deutsch-israelische Kooperation im
Max-Liebling-Haus

Es ist die größte Ansammlung von Häusern der klassischen Moderne weltweit: 4.000 Gebäude im internationalen Stil bilden in Tel Aviv die sogenannte »Weiße Stadt«. Ihre Architekten wurden allesamt in Europa ausgebildet und brachten die Grundsätze ihrer berühmten Lehrer mit ins Land. Für die junge, rasch wachsende Stadt war dieser verkürzt oft als Bauhaus bezeichnete Stil genau passend: modern, aber schlicht, funktionell und ohne Schnörkel. Dass dieses Architektur-Erbe etwas Besonderes ist, wurde spätestens mit der Erklärung zum UNESCO-Weltkulturerbe 2003 offiziell. Die Erhaltung ist jedoch eine große Aufgabe, der die Stadt nicht wirklich gewachsen ist. Nicht nur weil es in Tel Aviv in der Vergangenheit am Bewusstsein für Denkmalschutz und heute stark an Wohnraum mangelt, die klimatisch bedingten Umwelteinflüsse nagen im wahrsten Sinne des Wortes an den Gebäuden, und es fehlt an Geld.

Mit deutscher Beteiligung soll sich nun einiges ändern. Seit 2014 gibt es dazu das »Netzwerk Weiße Stadt«, das dem Austausch von Expertenwissen, Technik und Materialien dient. Im Mai 2015 wurde ein Denkmalschutzzentrum eingeweiht, das als Mittelpunkt der Zusammenarbeit wirkt. Neben dem fachlichen Austausch soll das Haus Tel Avivern und Touristen das architektonische Erbe der Weißen Stadt vermitteln. Das Zentrum ist im Max-Liebling-Haus untergebracht, das 1936 für den namensgebenden Unternehmer von Dov Karmi entworfen wurde. Karmi, einer der wichtigsten Architekten der Stadt, wurde in der Ukraine geboren und kam mit 16 Jahren nach Palästina. Architektur studierte er in Belgien, von wo er den internationalen Stil nach Tel Aviv mitbrachte. Im Moment finden regelmäßig praktische Workshops, Vorträge und Führungen unter dem Titel »Open for Renovations« im Liebig-Haus statt.

Adresse Idelson Street 29, Tel Aviv-Stadtmitte | **ÖPNV** Bus 3, 17, 19, 22, 31, Haltestelle Allenby / Yona haNavi, Gegenrichtung: Allenby / Geula | **Öffnungszeiten** im Moment nur bei Veranstaltungen, www.whitecitycenter.com, Touristeninformation: Tel. 03/5166188 | **Tipp** Nur einige Schritte weiter liegt der historische Stadtkern mit dem ehemaligen Rathaus Beit haIr, heute Museum zur Geschichte der Stadt, und dem Beit Bialik, dem Wohnhaus des großen hebräischen Nationaldichters, der hier seine letzten neun Jahre verbrachte.

111 Der Zionismus-Boulevard

Zwischen Villen spazieren

Fragt man nach Sderot haZionut, wird man meistens auf ratlose Gesichter stoßen. Der »Zionismus-Boulevard« ist eigentlich kein Boulevard, sondern ein relativ kurzer Straßenabschnitt von etwa 100 Metern, der nur eine Verkehrsinsel, die ständig zugeparkt ist, in der Mitte hat. Boulevard-Feeling kommt da nicht auf. Der weitere Verlauf, ab der Moshe Sharett Straße, ist nur noch ein kleiner, von einer schönen Grünanlage umgebener Fußweg. Eigentlich hätte das mal ein Boulevard werden sollen, in den 1970er Jahren, ein richtig langer sogar, zwischen Jabotinsky Straße und Pincas, der die neuen Wohnviertel im Norden anbindet. Aber die Bewohner des Zameret-Viertels wehrten sich erfolgreich gegen diese Pläne, und die Straße wurde daher abgetrennt und in einen kleinen Park umgewandelt.

Und das ist auch gut so, denn die Grünanlage ist eine der schönsten im ganzen Norden, immer ruhig, immer aufgeräumt, immer einen Besuch wert. Der Weg schlängelt sich durch das hügelige Gelände, vorbei an einem kleinen Spielplatz, vorbei an Bänken und Bäumen, die zum Sitzen einladen, bis zur Ahavat Zion Straße, wo der Fußweg (und damit auch der Zionismus-Boulevard) endet. Den Spielplatz, der vor einigen Jahren sehr schön renoviert wurde, nutzen vor allem die unmittelbaren Anwohner, weil viele die kleine Grünanlage, die sich parallel zu den Straßen zieht, nicht wahrnehmen.

Den Rückweg tritt man am besten durchs Zameret-Viertel an, entlang der Akiba Arie Straße etwa, die nach dem Stadtgründer Akiba Arie Weiss benannt ist. Hier und in den kleinen Seitenstraßen, die als Sackgassen enden, finden sich die schönsten Villen der Stadt, jede etwas Besonderes, jede teuer, luxuriös, aber nicht protzig. Zameret ist sogar eine der teuersten Wohngegenden in ganz Israel. Auch wenn einige Villen hinter hohen Mauern versteckt sind, das Viertel hat sich einen gut-nachbarschaftlichen Charakter bewahrt.

Adresse Sderot haZionut, Ecke Jabotinsky bis Ahavat Zion Street, Tel Aviv-Neuer Norden | **ÖPNV** Bus 22, Haltestelle Jabotinsky/Derech Namir, Bus 7, 14, 66, 89, Haltestelle Weizmann/Kikar haMedina | **Tipp** Über die Pinkas Street gelangt man am Ende des Boulevards Richtung Osten zum Zamaret-Park, wo in den letzten Jahren zwölf Hochhäuser mit Luxuswohnungen gebaut wurden. Im dortigen Einkaufszentrum kann man bei »Celia und Reviva« Kaffee und Kuchen auf entsprechendem Niveau genießen.

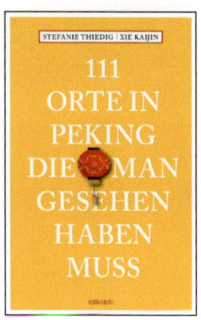

Stefanie Thiedig, Xie Kaijin
111 Orte in Peking, die man gesehen haben muss
ISBN 978-3-7408-0250-9

Kathrin Bielfeldt,
Raymond Wong, Jürgen Bürger
111 Orte in Hongkong, die man gesehen haben muss
ISBN 978-3-95451-914-9

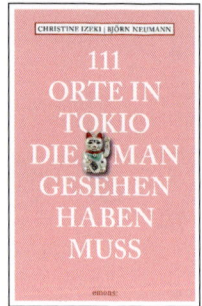

Christine Izeki, Björn Neumann
111 Orte in Tokio, die man gesehen haben muss
ISBN 978-3-7408-0117-5

Jo-Anne Elikann
111 Orte in New York, die man gesehen haben muss
ISBN 978-3-95451-512-7

Amy Bizzarri, Susie Inverso
111 Orte in Chicago, die man gesehen haben muss
ISBN 978-3-7408-0355-1

Floriana Petersen
111 Orte in San Francisco, die man gesehen haben muss
ISBN 978-3-95451-750-3

Gordon Streisand
111 Orte in Miami und auf den Keys, die man gesehen haben muss
ISBN 978-3-95451-846-3

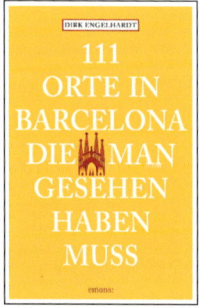

Dirk Engelhardt
111 Orte in Barcelona, die man gesehen haben muss
ISBN 978-3-95451-066-5

Dorothee Fleischmann,
Carolina Kalvelage
111 Orte in Budapest, die man gesehen haben muss
ISBN 978-3-95451-744-2

Ralf Nestmeyer
**111 Orte an der Côte d'Azur,
die man gesehen haben
muss**
ISBN 978-3-95451-563-9

Annett Klingner
**111 Orte in Rom, die man
gesehen haben muss**
ISBN 978-3-95451-219-5

Sybil Canac, Renée Grimaud,
Katia Thomas
**111 Orte in Paris, die man
gesehen haben muss**
ISBN 978-3-95451-847-0

Joscha Remus
**111 Orte in Luxemburg
(Stadt), die man gesehen
haben muss**
ISBN 978-3-7408-0363-6

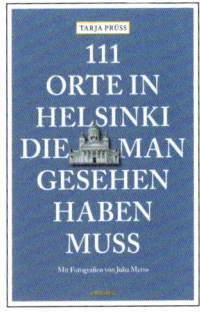

Tarja Prüss, Juha Metso
**111 Orte in Helsinki, die man
gesehen haben muss**
ISBN 978-3-7408-0342-1

Peter Eickhoff, Karl Haimel
**111 Orte in Wien, die man
gesehen haben muss**
ISBN 978-3-89705-969-6

Gerd Wolfgang Sievers
**111 Orte in Venedig, die
man gesehen haben muss**
ISBN 978-3-95451-352-9

Beate C. Kirchner
**111 Orte in Florenz und im
Norden der Toskana, die man
gesehen haben muss**
ISBN 978-3-95451-513-4

Jan Gralle, Vibe Skytte,
Kurt Rodahl Hoppe
**111 Orte in Kopenhagen, die
man gesehen haben muss**
ISBN 978-3-7408-0243-1

Marx de Morais
111 Orte in Turin und im Piemont, die man gesehen haben muss
ISBN 978-3-95451-736-7

Kai Oidtmann
111 Orte in Island, die man gesehen haben muss
ISBN 978-3-95451-829-6

Laszlo Trankovits, Rüdiger Liedtke
111 Orte in Kapstadt, die man gesehen haben muss
ISBN 978-3-95451-456-4

Fabrizio Ardito
111 Orte in Umbrien, die man gesehen haben muss
ISBN 978-3-7408-0238-7

Fabrizio Ardito
111 Orte auf Malta, die man gesehen haben muss
ISBN 978-3-7408-0356-8

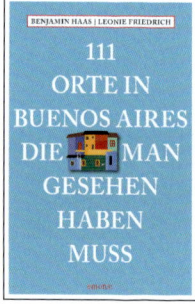

Benjamin Haas, Leonie Friedrich
111 Orte in Buenos Aires, die man gesehen haben muss
ISBN 978-3-95451-835-7

Franziska Lô
111 Orte in Costa Rica, die man gesehen haben muss
ISBN 978-3-7408-0245-5

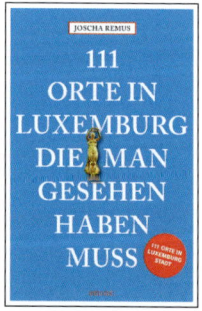

Joscha Remus
111 Orte in Luxemburg (Stadt), die man gesehen haben muss
ISBN 978-3-7408-0363-6

Cornelia Ziegler, Chris Sindermann
111 Orte auf Kreta, die man gesehen haben muss
ISBN 978-3-95451-540-0

Beate C. Kirchner,
Jorge Vasconcellos
**111 Orte in Rio de Janeiro, die
man gesehen haben muss**
ISBN 978-3-95451-843-2

Kathleen Becker
**111 Orte in Lissabon, die
man gesehen haben muss**
ISBN 978-3-7408-0244-8

Halûk Uluhan,
Marcus X. Schmid
**111 Orte in Istanbul, die
man gesehen haben muss**
ISBN 978-3-95451-333-8

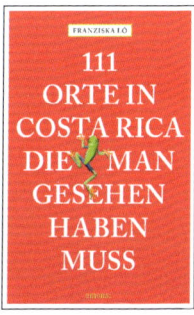

Franziska Lô
**111 Orte in Costa Rica, die
man gesehen haben muss**
ISBN 978-3-7408-0245-5

Lucia Jay von Seldeneck,
Verena Eidel, Carolin Huder
**111 Orte in Berlin, die man
gesehen haben muss
Band 2**
ISBN 978-3-95451-207-2

Matěj Černý, Marie Peřinová
**111 Orte in Prag, die man
gesehen haben muss**
ISBN 978-3-95451-927-9

Bernd Imgrund
**111 Kölner Orte, die man
gesehen haben muss
Band 1**
ISBN 978-3-89705-618-3

Rike Wolf
**111 Orte in Hamburg, die
man gesehen haben muss**
ISBN 978-3-89705-916-0

Peter Eickhoff
**111 Düsseldorfer Orte, die
man gesehen haben muss**
ISBN 978-3-89705-699-2

Die Autorin

Andrea Livnat, geboren 1974, in München aufgewachsen, ist Historikerin, Journalistin und leitende Redakteurin für den jüdischen Internetdienst haGalil. Seitdem ihre Dissertation sie vor sechzehn Jahren nach Tel Aviv führte, lebt sie dort und ist fast jeden Tag froh darüber, dass ihre Kinder hier aufwachsen.

Die Fotografin

Angelika Baumgartner ist Münchnerin, Innenarchitektin und liebt es, zu reisen und zu fotografieren. In Tel Aviv begeisterte sie sich für alle Facetten der Stadt, verliebte sich aber in den Strand, vom alten Hafen in Jaffa bis zum neuen Hafen im Norden der Stadt.